4차 산업과
그리스도의 재림

4차 산업과 그리스도의 재림

발행일   2018년 10월 19일

지은이   박 길 서
펴낸이   손 형 국
펴낸곳   (주)북랩
편집인   선일영   편집   오경진, 권혁신, 최승헌, 최예은, 김경무
디자인   이현수, 김민하, 한수희, 김윤주, 허지혜   제작   박기성, 황동현, 구성우, 정성배
마케팅   김회란, 박진관, 조하라
출판등록   2004. 12. 1(제2012-000051호)
주소   서울시 금천구 가산디지털 1로 168, 우림라이온스밸리 B동 B113, 114호
홈페이지   www.book.co.kr
전화번호   (02)2026-5777   팩스   (02)2026-5747

ISBN   979-11-6299-360-6 03230 (종이책)   979-11-6299-361-3 05230 (전자책)

이 도서의 국립중앙도서관 출판예정도서목록(CIP)은 서지정보유통지원시스템 홈페이지(http://seoji.nl.go.kr)와
국가자료공동목록시스템(http://www.nl.go.kr/kolisnet)에서 이용하실 수 있습니다.
(CIP제어번호: CIP2018032469)

4차 산업과 그리스도의 재림

2030에서 2050을 주목하라

박길서 지음

들어가면서

　인류 역사 이래 지금처럼 풍요한 적이 없었을 것이다. 모든 것이 풍족하고, 편리한 시대를 맞이했다. 불과 몇십 년 전만 해도 수동으로 진행되던 대부분의 일들이 자동으로 처리되고, 과학, 의학, 생명공학, 경제 분야 등은 괄목할 만한 발전을 이루어 왔다.

　한국교회도 놀라울 정도로 성장해 성도 수가 근 일천만 명에 가까울 정도로 자랐다. 전국 어디에서도 십자가를 볼 수 있는 교회들이 즐비하게 늘어 서 있다. 기독교 방송국도 여러 개 있어 24시간 기독교 방송이 전파를 타고 방송된다.

　성도의 신앙을 자라게 할 다양한 어플 또한 개발되어, 성도들의 신앙생활에 도움을 주고 있으며, 목회자 또한 많은 도움을 받고 있다. 너무 편리하고, 좋은 시대에 신앙생활을 하고 있으며, 그 어떠한 것에도 방해받지 않고 믿음생활을 자유롭게 할 수 있게 됐다.

　현재의 모든 여건도 너무 좋은데, 지금보다 더 나은 세상이 곧 다가온다는 미래학자들의 놀라운 예측들이 다가올 미래를 맞이할 우리들의 마음을 두근거리게 하고 있다. 잠시 뒤 그 예측들을 살펴보겠지만 그것도 이삼십 년 안에 대부분이 이루어질 것이라는 놀라운 예측들이다.

  그러나 교회의 역사를 통해 살펴보면, 성도의 신앙은 시대의 편리함과 부(副)의 증식으로 성장한 것이 아니라, 핍박과 박해를 통해 신앙이 자라왔음을 증명하고 있고, 오히려 시대의 편리함과 부(副)로 말미암아, 성도들의 신앙이 무섭게 파괴되어 왔음을 알 수 있다. 오늘날 우리 시대에 다가오고 있는 인류를 위한 모든 복지들이 어쩌면 우리들의 신앙을 송두리째 삼켜 버릴 수 있으며, 기독교 신앙의 근간마저도 위협할 정도의 무서운 독소가 될 수 있음을 주지해야 한다. 이미 복지국가의 기초를 놓은 대부분의 나라들에 있어 기독교는 자취를 감추어 가고 있음이 그 증명이 된다.

  성경은 인류의 종말과 교회의 배도에 대해 엄히 경고하고 있다. 그리고 종말과 배도에 앞서, 인류에게 놀라운 평화와 복지가 오게 됨도 예언하고 있다. 그렇기 때문에 현시대나, 앞으로 다가올 시대의 모든 평화나 복지적 혜택들이 인류의 멸망, 다르게 이야기하면 주님의 재림과 밀접한 관계를 맺고 있다. 이 점에 있어 우리 성도들은 현재의 평화나, 복지들을 무조건 반기고 기뻐하기만 해서는 안 된다.

  본서는 이러한 시대적 상황을 성경적으로 인지하여, 인류 복지를 향한 미래의 예측들을 살펴보면서, 현 우리 개신교의 실제 모습을 찾아보고 주님 오심에 대한 믿음의 준비를 하여 갈 것을 당부드리고 싶다.

우리가 2030년에서 2050년을 주목해야 할 이유는, 만약 이 기간 안에, 아니면 이 기간을 지나 약간의 시간 뒤에도, 주님이 재림하지 않으면 우리가 믿어 왔던 성경, 하나님, 그리고 모든 기독교의 교리들이 송두리째 무너질 수밖에 없기 때문이다. 하나님에 대한 인류의 도전이 극에 달하는 기간이며, 앞으로 살펴보겠지만 절대 넘어서는 안 될 인간의 생명까지 마음대로 조정할 수 있는 시대가 될 가능성이 많은 시기가 되기 때문이다.

주님을 믿는 모든 성도들은 현재의 시대에, 나타나는 모습 그대로 보아선 안 된다. 사탄의 무서운 교회와 성도를 향한 음모를 발견해야 한다. 위장된 평화, 위장된 복지, 위장된 번영, 위장된 수많은 인류를 위한 장밋빛 설계나 계획들의 성취 등이 모두 우리 눈을 가리고 있기 때문이다.

성경은 시대에 대한 경종을 울리고 있다. 주님의 재림에 대한 분명한 사실을 정확히 알려 주고 있다. 그럼에도 불구하고 시대적 준비를 갖추지 못한다면, 이는 참으로 불행한 일이 되며 안타까운 노릇이다. 성경에 대한 영적 눈이 열리지 않으면 현시대의 무서움을 보기 어렵다. 성경에서 계시하는 수많은 종말에 관한 영적 안내들을 올바로 파악할 수 없으며, 오히려 시대에 동조해 스스로 배도하거나, 수많은 성도들을 배도로 이끌어 가는 사람이 될 것이다.

노아가 전한 복음은 하나님의 심판의 복음이다. 하나님께서 물로 이 세상을 심판한다는 노아의 복음은 허공에 울리는 메아리처럼 사람들의 마음을 움직이지 못했다. 심지어 노아의 가까운 친지들마저도 노아를 배척했을 것으로 판단된다. 왜냐하면 홍수 심판으로 구원받은 노아의 친지들이 한 명도 없기 때문이다.

하나님의 일을 방해하고자 하는 사탄의 공격은 무서우리만큼 치밀하고 강하다. 문예부흥과 종교개혁을 거쳐 기독교의 교리가 확립된 17세기에 기독교를 철저히 탄압했던 예수회가 만들어지고, 이어 18세기에 철저한 이성 중심의 사고인 계몽주의가 들어서면서 자유주의 신학이 나타난다. 이 시기에 그동안 사용해 왔던 비잔틴 사본의 성경이 알렉산드리아 사본으로 바뀌면서 성경 변역이 이루어지고, 현 세계정부의 주동력들인 프리메이슨과 일루미나티가 전면에 등장하게 된다. 정통기독교의 근본 교리를 무너뜨린 다비즘 혹은 세대주의도 이때 만들어진다. 17, 18세기간에 걸쳐 정통 기독교를 무너뜨리기 위한 사탄의 무서운 일들이 이 시기에 동시다발적으로 나타났다.

현재는 21세기에 들어섰다. 놀라운 인류의 번영을 이루어 온 것은 자타가 인정하는 일이다. 그러나 21세기 초부터 시작된 주님 재림에 대한 징조들이 약속이나 한 듯 모두 동시에 일어나고 있다. 약간의 시간적 간격은 있으나, 일이십 년은 별문제가 되지 않는다. 구체적인 정황으론 칩(짐승의 표)의 등장, 교회의 급작스런 배도, 지식의 폭발적인 증가, 교통과 통신 수단의 놀라운 발달, 수많은 이단들의 등장, 난리와 난리의 각종 소문 등이 있다. 이같이 성경에서 계시한 주님 재림에 대한 수많은 예언들이 동시에 이루어지고 있다. 더 무서운 일은 인간이 하나님에 대해 정면 도전을 하고 있다는 사실이다. 하나님의 존재 사실을 인정하지 않거나, 인정하더라도 아예 무시하는 일들이 전 세계적으로 동시에 나타나고 있다. 인공지능, 복제생물, 복제인간, 노화방지, 생명연장, 영생불사에 대한 가능성 등 이 모두가 하나님에 대한 무서운 도전으로 이 시대에 모두 나타나고 있는 일들이다.

> 귀 있는 자는 주님 재림에 대한 소리들이 들리게 되고 눈 있는 자는 보게 될 것이다 깨달음이 있는 자는 성령의 감동으로 이 모든 현상들에 대해 영적 준비를 할 것이다

현시대의 양들을 인도하는 목자들은 성도들에게 성경의 다양한 내용들을 올바르게 가르쳐야 한다. 그러면서 반드시 이 시대를 분별할 수 있는 성경적 혜안을 가질 수 있도록 지도해야 한다. 그러지 않으면 자칫 사탄의 무서운 함정으로 자신뿐만 아니라 양들마저도 빠져 들게 할 수 있다.

2030년에서 2050년은 정확한 연대는 아니다. 그러나 미래예측학자들의 예측대로라면 이 기간 안에 주님이 재림할 가능성이 아주 많다. 설사 좀 늦는다 하더라도 일이십 년의 오차범위 내이다. 만약 이 기간(오차 포함) 안에 주님이 오시지 않는다면 우리 기독교는 심각한 도전에 직면할 것으로 보인다. 핵심 교리인, 구원, 인간의 죄, 죄로 인한 사망 등의 모든 교리들이 파괴될 것이며, 유일한 참 신이신 하나님(성

부, 성자, 성령)의 존재에 대한 의혹 등의 일들이 수없이 일어날 것이기 때문이다. 유일한 구원의 종교인 우리 기독교도 어쩌면 다른 종교와 같은 하나의 종교로 자리 잡을 수도 있다. 만약 종교통합이 이루어진 다면 그 통합 안에 있는 한 종교가 될 것이다.

본서는 성경의 내용을 분석해 주님의 재림을 알리고자 함이 아니라, 우리의 상식선과 미래학자들이 예측한, 미래에 일어날 일들에 대한 내용을 간단히 살펴봄으로써 주님이 이 땅에 오서야만 하는 분명한 이유를 밝히고자 한 책이다. 물론 미래예측학자들의 예측에 근거해 주님이 오시는 것은 아니다. 다만 이 예측들이 주님의 재림에 대한 여러 사실들을 안내하고 있기 때문에 근거로 든 것이다.

부디 바라기는 열린 마음으로 냉철히 이 시대를 살펴보아, 무조건 비판적 견해만 가질 것이 아니라, 좀 더 노력하고 연구해 시대에 대한 본인의 준비와 성도들에게 준비를 시킬 수 있는 귀한 주의 백성들이 되었으면 한다.

2018년 10월
박길서

목차

부록

CHAPTER ❶
미래학자들의
장밋빛 전망

현재 신으로부터 계시를 받는 영적 예언가로서가 아니라, 우리의 미래를 현시대의 다양한 분야를 연구해 예측하는 미래예측 싱크탱크가 가동 중이다. 이 조직은 전 세계 최고 석학들로 구성되어 있는 조직으로, 각 분야에 있어 최고의 전문가들이 포진해 있다. 이들은 과학, 의학, 생물학, 유전공학, 생명공학, IT 공학, 경제학, 환경 분야 등 인류의 미래를 위해 현재 진행하는 모든 일들을 각각의 분야별로 서로 예측해, 심도 깊게 토의하고 연구해 미래에 일어날 일들을 예측한다. 그렇기 때문에 그 정확도는 상당히 신뢰할 만하며, 또 이들이 예측한 수많은 일들이 그대로 진행되고 있다. 우리나라의 미래학자인 박영숙 교수[1]는 이러한 예측들을 책으로 집필해 매년 발간하고 있는데 현재는 『세계미래보고서 2055』까지 나와 시중에 판매되고 있다.

현 세계적 미래학자인 레이 커즈와일, 토마스 프레이, 엘론 머스크, 클라우스 슈밥 등의 인물들이 제시하는 미래에 대한 예측은 그야말로 그 어떤 신세계의 도래와 같은 놀라운 세상의 변화, 그것도 불과

---

1) 현재 미래연구 싱크탱크인 '밀레니엄 프로젝트'의 한국지부 (사) 유엔미래포럼 대표로 있다.

이삼십 년 안에 이루어질 것으로 판단하고 있다. 이것들을 살펴보면 가히 우리의 상상을 초월한다. 이들이 예측하고 있는 내용들은 대략 다음과 같은 내용들이다. 이 내용들은 미래학자 약 3,000명 정도가 예측한 내용들이다.

1. 인공지능의 등장으로 사람보다 뛰어난 인공지능 로봇이 인간을 돕는다.

2. 노화유전자인 텔로미오의 연장으로 노화가 중지되고 영원한 젊음을 얻는다.

3. 유전자 가위를 이용해 약하고, 병든 유전자를 절단해 건강한 유전자로 대치시켜 모든 질병을 치료한다.

4. 생체칩, 혹은 배아복제를 통해 인공으로 사람의 장기를 만들어 약한 모든 장기를 대체시킨다.

5. 현재 의학으로 고칠 수 없는 절망의 사람을 극 초저온 상태로 냉동시켜, 치료 가능한 시대가 올 때 해동·치료해 살린다.

6. 인간의 머리에 칩을 이식, 이 칩을 이용해 모든 컴퓨터의 내용을 업·다운로드할 수 있게 한다.

7. 뇌를 죽지 않게 만들어 인공지능로봇이나 컴퓨터 안에서 영원한 생명을 얻게 한다.

8. 유전자 기술을 이용해 맞춤형 아기를 생산한다.

9. 인간이 인간을 만드는 기술이 이루어진다.

10. 엄마 없는 아기가 만들어진다.

11. 개별 국가가 없어지고 누구나 자신의 국가를 선택할 수 있는 거버넌스 2.0의 세계가 온다.

12. 3D 프린터 기술을 이용해 인체의 장기를 만들어 낸다.

13. 모든 화폐는 세계화폐인 디지털 화폐로 전환된다.

14. 우려는 있지만 가상현실, 증강현실을 통해 인간의 모든 욕구를 채울 수 있
게 된다.

15. 다양한 복제를 통해 인간에게 필요한 모든 것을 대체한다.

16. 일부일처제가 사라지고, 가정이라는 의미가 없어진다.

17. 사람의 마음, 기억 등을 웹에 저장하여 이메일로 발송할 수 있다.

18. 세계를 1일 생활권에 둔다.

19. 언어의 장벽이 무너진다.

20. 양자역학의 발전으로 생명체의 순간이동이 가능해질 수 있는 길을 마련
한다.

21. 모든 개체들은 사물(만물)인터넷으로 서로 연결되어 움직인다. 이 연결은 사
람과 사물, 사람과 정부, 사람과 세계 모두를 연결하는 고리이다.

만약 위에서 열거한 약 20개 정도의 일들이 2050년 안, 아니면 이
보다 약간 뒤에 일어나거나 실제로 실현된다면, 하나님을 모르는 인
간으로서는 정말 좋은 세상, 즉 유토피아와 같은 세상에 살게 된다.
의학과 유전학, 그리고 생명공학 등의 일들이 발달되면서 질병 없는
세상, 모든 장기의 복제를 통해 병든 장기들과 교체시키는 세상, 팔과
다리가 없으면, 팔과 다리를 인공지능을 통한 로봇팔과 다리로 교체
하면서 장애인이 없는 세상, 태어나면서부터 모든 질병 유전자를 미
연에 차단하여 질병 없는 아기가 탄생하는 세상, 유전자 조작을 통해
만들어질 유전자 인간이 등장하는 세상, 가상현실을 이용한 인간 욕

구를 충족하는 세상, 뇌 공학의 발달로 인간뇌세포와 칩을 연결해 두 뇌의 업·다운로드 그리고 이를 통해 모든 지식의 업·다운로드를 하면서 지식을 습득해 지식을 배울 필요가 없는 세상, 생명공학의 발달로 인해 인간의 동침이 아니라, 인간의 기술로 인간을 만드는 세상, 인간의 뇌를 영원히 살게 하여 이 뇌를 로봇이나 컴퓨터로 전송하고 영원한 생명을 갖고 살 수 있는 세상, 현재 냉동인간으로 냉동된 상태의 사람들을 해동시켜 질병을 치료하는 세상 등등.

많은 사람들이 '이러한 세상이 정말 올 수 있을까'라고 의문을 갖고 있지만, 이 분야에 있어 전문가들은 약간의 오차는 있겠지만 실현 가능한 일이라고 장담한다. 특히 구글의 기술이사로 있는 현재 71세인 레이 커즈와일(Ray Kurzweil, 1948~)은 2045년 안에 이런 일들 대부분이 일어날 것으로 확신하고, 그때까지 건강을 지키는 일에 최선을 다하며, 하루 약 250알 정도의 영양제를 먹고 있고, 매주 대여섯 가지의 정맥주사 치료를 받고 있는 사람이다.[2] 자신이 그때까지 살면 영생을 얻을 수 있다고 믿기 때문이다.

현재 레이 커즈와일의 미래 예측은 약 85% 정도가 맞을 정도로 그 정확도에 있어 사람들을 무척 놀라게 한다. 이 부분에 있어 자세히 알고 싶으면 그의 저서 『특이점이 온다』가 좋은 참고가 될 것이다.

---

2)　레이 커즈와일, 김명남·장시형 역, 『특이점이 온다』, 김영사, 2007년, 286쪽.

　위에서 2050년 안에 이루어질 인간세상의 발전을 약 20개 정도 나열하였지만, 실제는 이보다 더 많이 있다. 위의 내용들에 대한 일부에 있어 구체적 사실들을 밝히겠지만, 하나님과 인간과의 관계, 그리고 인간의 기술발달 등을 살펴보면서 주님의 재림에 대한 가능성을 살펴볼 것이다. 만약 2030년에서 2050년 안에 주님이 오시지 않거나, 좀 늦어진다 하더라도 이 시기를 중심한 수년 안에 주님이 오시지 않는다면 기독교는 절체절명의 순간에 놓여질 것이다.

칩의 혁명이 다가온다

사람의 몸에 칩이 박힌다는 것은 정말 상상할 수 없는 일이었다. 그리고 성경 외, 그 어떠한 책이나 사람도 사람의 몸에 칩이 박힌다는 것을 말한 적이 없다. 그러나 이러한 상상은 이제 현실로 나타났고 이미 칩을 박고 사는 사람도 많아졌음을 볼 때 성경 예언의 정확성과 무서움을 알 수 있다. 이는 성경이 정확한 하나님의 말씀임을 증명하는 놀라운 증거가 된다.

앞으로 우리들의 사회는 칩에 의해 경제활동이나 신분증명을 하는 사회가 될 것이 분명함은 비단 미래학자뿐 아니라, 이 분야에 있어 어느 정도 알고 있는 일반인들도 대부분이 동의하는 일이다.

인간 몸에 박히는 칩을 이용해 인간 대 컴퓨터 간의 연결이 가능하고, 수많은 편리함과 혜택들을 동시에 누릴 수 있기 때문에, 처음엔 개인정보나 사생활 침해 등의 문제로 논란이 있을지 모르지만, 결국 과학의 발달로 인한 칩의 혜택이 너무 많다 보니, 대부분의 사람들이 자연스레 칩의 사회로 들어가게 될 것이다. 이미 칩을 이식하는 기술은 완성되었기 때문에 이 칩이 상용화되는 일만 남아 있다. 아무리 길게 보아도 2030년 안에는 새로운 칩의 사회가 만들어지지 않겠나 조심스레 예단해 본다.

우리나라 미래학자인 박영숙 교수는 인간이 뇌에 칩을 이식해, 수많은 지식들을 업·다운로드 하는 세상이 온다고 하면서, 그 시기를 2032년 정도로 보고 있다.

핸드폰이 처음 보급될 땐 일부의 부유한 사람만이 이 혜택을 누릴 수 있었고, 설마 어린아이까지 핸드폰을 사용할 시기가 올 것인가에 대한 회의적 시각이 많이 있었지만, 오늘날의 시대는 그렇지가 않다. 어린아이 대부분이 핸드폰을 손에 들고 다니며 다양한 정보를 이용하고 의사소통을 핸드폰으로 하는 시대다. 이렇게 되기까지 약 20년밖에 안 걸렸다.

인간에게 박히는 칩도 도입 초기엔 필요에 의해 일부의 사람들만 시도를 하겠지만, 점차적으로 개인을 넘어 단체, 국가 등에 공공연히 소개되면서 어느 순간 우리들 대부분이 칩을 박고 사는 칩의 사회 속으로 들어가게 될 것이다. 현재 나타난 칩은 베리칩이며 이 베리칩을 좀 더 발전시킨 칩이 나노칩이다. 그리고 이 둘을 절묘하게 발전시켜 인간들의 모든 삶을 이끌어 가는 칩으로 만들어, 자연스레 칩으로 생활 가능한 시대가 만들어질 것이다.

베리칩의 등장

베리칩은 Verification과 Chip의 합성어이며, 이는 최초에 만들어질 때 신분확인을 위해 고안된 것으로, 미국의 ADS(Applied Digital Solutions)사에서 만든 것이다. 크기는 쌀알만 한 크기로, 주사기를 통해 주로 사람의 검지와 엄지 중간에 이식한다. 이러한 베리칩은 2004년도에 미국 식약청(FDA)으로부터 허가를 받았다.

베리칩을 통해 사람의 위치를 추적하는 것이 가능해지면 다양한 범죄를 예방할 수 있게 되고, 응급환자는 병원에 자동 연락이 가서 응급처치가 가능해지며, 유괴범죄 또한 미연에 방지할 수 있는 기능 등이 제공된다고 한다. 그리고 이 칩을 통해 경제활동이 가능하도록 해, 물건을 사고, 파는 데 있어 아주 편리하게 된다. 길 잃은 치매 노인이나 자녀들의 위치 파악 등 우리들의 삶에 참으로 유익하게 사용될 가능성이 많이 있다.

이 칩은 자체 배터리가 내장되어 있고 이로 말미암아 인간 몸 안에서 나오는 전류를 통해 스스로 충전되어 영구적으로 사용할 수 있을 뿐만 아니라, 근거리 통신(NFC)이 가능하며, 와이파이 망을 이용해 원거리 통신 또한 가능하다고 한다.

현재 애완견에는 의무적으로 RFID칩을 박도록 해 놓았다. 위치추적을 위해서이다.

미국의 위스콘신에 있는 한 기술회사는 직원들에게 마이크로칩(베리칩)을 이식하도록 하였고, 스웨덴에서는 약 2만 명 정도의 사람이 이 칩을 이식받아 살아가고 있다고 한다.[3]

앞으로 베리칩은 좀 더 발전되어 우리 인간들에게 박힐 것임에는 틀림없다. 단지 시간문제일 뿐인데, 2030년 안에는 주변에서 베리칩(마이크로칩) 같은 칩을 받은 사람들을 어렵지 않게 찾아 볼 수 있을 것으로 보인다. 국가에서도 강제는 아니더라도 자연스레 이 칩을 받도록 유도해 나갈 것은 미리 짐작할 수 있는 일이다. 국정을 운영하기가 한결 쉽기 때문이다.

베리칩은 아니더라도 다양한 칩 이식을 통해 인간은 신의 영역에 도전하고 있다. 미국 오하이오주 출신의 한 연구팀은 지우개만 한 뉴로라이프(Neurolife)라고 불리는 칩을 뇌에 삽입해, 이안 버크하트라는 마비된 중증환자를 움직이게 하는 기술을 개발하였고, 점차적으로 확대해 다양한 중증 환자들에 대한 치료를 계획하며 연구 중에 있다.

우리 인간에겐 약 32억 개 정도의 유전자가 있는데 그중 300만 개정도가 사람의 사람됨을 결정한다. 이 300만 개 중 유전자 조작을 통해 유전자 변이를 가져올 수 있는 DNA는 128개로, 결국 128개의 유전자에 대한 해독이 가능하면 유전자 조작을 통해 인간을 마음대로

---

3) 송영석, ‘몸 속에 ‘칩’ 이식 논란…“신분증·기차표도 칩으로”’, 《KBS뉴스》, 2018.05.16.

바꿀 수 있게 된다. 이러한 사실에 근거하여 미국, 영국 등 6개국의 공동연구팀인 HGP(Human Genome Project)와 미국 생명공학회사인 셀레라 지노믹스에 의해 인간의 유전자 지도를 완성하게 되었다. 이것이 2000년 6월 26일이다.

완성된 유전자 지도를 통해 인간의 복지와 행복을 이룬다는 미명하에 2000년 10월부터 베리칩이 만들어지기 시작했고, 2004년도에 미국의 식약청(FDA)에 의해 승인을 얻었다. 이미 우리나라 삼성에서는 2011년 9월 6일 자로 '몸에 이식할 수 있는 의료기기와 이를 제어하는 방법(Implantable Medical Device and Method of Controlling the Same)'이라는 내용의 특허를 출원했고 사용할 시기만 기다리고 있다.

나노칩

나노 기술은 현재 밀리미터 미크론[4]에 머물러 있던 센서의 크기를 10억 분의 1미터로 줄이는 데 성공했는데 이를 나노미터라 한다. 이 크기는 너무 작아 사람 몸 안 어디에서나 마음대로 돌아다닐 수 있을 정도의 크기인데, 이 나노는 이미 사람들을 치료하는 데 적용되고 있다. 나노 안에 약간의 정보를 넣어 수백만의 다른 정보들을 수집할

---

4)　백만분의 1미터. 1㎛(미크론)=0.001㎜이며 1㎚(나노미터)=0.001㎛이다.

수도 있으며, 수많은 정보 또한 밝혀낼 수 있다.

　나노 기술은 1980년대에 발명된 STM(Scanning Tunneling Miscro-scope)과 AFM(Atomic Force Miscro-scope)을 포함하는 원자현미경 덕분이다. 이 현미경을 통해 아주 미세한 나노입자까지 볼 수 있게 되었기 때문이다.

　나노 테크놀로지는 이제까지 알 수 없었던 여러 가지 극미세 세계에 대한 의문을 풀어줄 뿐 아니라, 암세포 퇴치·DNA구조를 이용한 동식물의 복제·강철섬유 등 새로운 물질 제조를 가능하게 하고 있다.[5] 그뿐만 아니라 분자나 원자를 인위적으로 조작 응용하고 있다. 나노 기술의 발전은 우리 생활 전 분야에 큰 영향을 미치고 있으며, 앞으로도 우리가 상상치 못할 영향력을 미칠 것이다. 사물인터넷의 광역화, 의료기술의 혁신적 발전, 다양한 불치병에 대한 치료, 수명의 연장, 노화방지 등등 우리 생활 전반에 줄 혁신은 이루 말할 수 없게 될 것이다.

　현재 만들어진 바이오칩에 나노 기술이 접목되어 나타나는 칩이 나노바이오칩이다. 나노바이오칩은 인간의 128개 유전자를 모두 해석해 이 정보를 저장·전송하여 유전자의 문제를 찾아 그 문제를 해결시키는 역할을 하게 된다. 불량유전자는 크리스퍼라는 유전자 가위를

---

5)　출처: 다음 백과

통해 제거되고 우량유전자로 대치된다. 정말 꿈같은 세상이 펼쳐질 것 같다.

앞으로 우리 시대의 인간 대부분은 나노칩이 들어 있는 바이오칩을 받게 될 것으로 보인다. 인간은 좀 더 낫고 좋은 세상을 원하고 있으며, 특히 오래 살기 위해 건강에 많은 관심을 보일 수밖에 없다. 그렇다면 바이오 나노칩을 이식하지 않을 수 없을 것이다. 이 칩을 통해 현재의 건강 상태를 모두 점검할 수 있으며, 건강 문제에 대한 정확한 진단이 가능해져 정확히 치료하게 될 것이다.

이미 암, 백혈병, 치매, 파킨슨병 등 여러 가지 불치병에 대한 연구가 오래전부터 진행되었으며 거의 완성되어 가고 있다. 심지어 2045년 정도 되면 뇌신경과 칩이 연결되면서, 죽지 않는 뇌를 만들어 인간이 영생불사할 수 있는 기술이 나온다고 한다.[6]

그러나 이러한 칩의 개발이 언제나 이로운 것만은 아니다. 마음만 먹으면 개인 사생활을 통제할 수도 있고, 인간을 마음대로 조정할 수 있는 정보를 넣어 인간을 마음대로 통제할 수도 있기 때문이다. 그럼에도 불구하고 모든 사람들은 이러한 나노칩을 환영하고 실생활의 이로움이나 개인의 건강을 위한다는 이유로 큰 저항 없이 나노칩 이식을 허용하게 될 것이다.

성경에 베리칩이니, 나노칩이라는 용어가 나오진 않지만, 환난을 기점으로 환난 전후에 사람의 몸에 표가 박히고, 이 표를 통해 매매가

---

6) 레이 커즈와일, 김명남·장시형 역, 『특이점이 온다』, 김영사, 2007년.

이루어짐을 정확히 알리고 있다. 이 표는 오늘날의 칩이 틀림없다. 그렇기 때문에 앞으로의 시대에 칩을 통한 매매, 즉 경제활동이 이루질 것은 분명하며, 그러한 기운은 이미 나타나고 있다. 다양한 뉴스가 칩의 사회가 도래함을 밝히고 있고, 이미 많은 나라들이 사람들의 복지나 편의를 빌미로 칩을 박아 놓을 계획을 갖고 있기 때문이다. 우리들이 쉽게 접하는 신문이나 뉴스에 이러한 내용이 보도된다는 것은 곧 이러한 사회가 도래됨을 알리고 있는 것이다.

아주 정교한 나노칩이 들어간 RFID칩이 인간의 몸 어디에든 이식된다면, 이 칩을 통해 개인의 신상부터 재정, 건강, 위치추적 등의 모든 일들이 이루어질 것이며, 물건을 사고, 파는 모든 경제활동도 이 칩을 통해 이루어질 것은 자명한 일이다. 그리고 이 칩은 개인의 신분증명서로도 사용될 것이다.

성경은 이 칩이 사람의 손이나, 이마에 이식될 것이라고 한다. 사람의 손이나 이마에 이식된다는 것은 사람의 몸 어디에나 이식이 가능하다는 것을 암시하는 것이다.

우리들의 사회가 칩의 사회가 된다면 이는 성경에서 계시한 환난이 임박했다는 증거이며, 처음엔 자율적으로 시행되던 칩 이식이, 이후 3년 반의 환난이 시작되면 강제적으로 이식된다고 성경은 알려 주고 있다. 이는 모든 사람들을 강제적으로 통제하기 위한 수단으로 보인다. 그리고 이 칩을 받은 사람은 모두 정부의 명령에 굴복하게 된다는 내용으로 보아, 이 칩 속에 사람을 마음대로 조정할 수 있는 기능이 들어가게 됨을 충분히 알 수 있다.

성경을 알지 못하고, 기독교 신앙을 갖고 있지 않는 대부분의 사람들은 칩의 사회를 혁명의 사회이며, 인간을 영생불사할 수 있도록 하는 시대라고 생각하는 장밋빛 희망을 갖지만, 성경은 이때가 곧 환난의 때이며, 주님이 이 땅을 심판하기 위해 재림할 때임을 알리고 있다.

유전자 혁명
– 유전자 가위

2000년 6월 26일, 당시 미국 대통령이었던 빌 클린턴 (Bill Clinton)은 이날을 '세기의 날'이라고 했다. 이는 인간 유전자 지도가 완성된 날이다. 그동안 미지에 싸여 있던 인간 유전자의 비밀이 인간 유전자 지도를 완성함으로써 풀리게 되었고, 인간의 인간됨을 결정하는 유전자의 정체가 밝혀져 유전자를 통한 다양한 실험들이 이루어져 왔다. 이러던 중 2012년 과학 학술지인 《사이언스(Science)》에 유전자 가위(CRISPR)의 작동 원리를 규명한 논문이 발표되면서 유전자 가위에 대한 새로운 혁명을 예고했다. 이 논문은 현재 캘리포니아 대학교 버클리 캠퍼스, 화학 및 분자세포 생물학과 교수로 재직하고 있는 제니퍼 다우드나(Jennifer A. Doudna)에 의해 발표되었다.

다우드나 교수는 RNA 구조 생물학 분야에 있어 이미 알려져 있는 전문가이다. 우리나라는 현재 서울대 화학부 겸임 교수로 있는 김진수 교수가 이 분야에 있어 전문가이며, 중국의 전문가는 MIT의 장펑 교수이다. 현재 다우드나, 김진수, 장펑 이 세 사람에 의해 주도되는 유전자 가위 특허에 관련된 소송문제가 있으나, 이들 모두가 인간의 유익을 위해 서로가 협력해 유전자 가위의 혁신시대를 이끌어 갈 것이다.

유전자 가위는 그 이전에 핑거 뉴클레이즈(ZEN)라는 이름하에 존스 홉킨스 대학의 스리니바산 찬드라세가란 교수에 의해 소개되고 일부 사용되기도 했으나, 널리 활용되기엔 많은 무리가 있어 거의 사용되지 않았다. 이러던 중 다우드나 교수는 쉽게 유전자를 편집할 수 있는 새로운 유전자 가위를 개발해 학계에 발표, 새로운 유전자 가위의 혁명을 예고했다. 이 유전자 가위가 '크리스퍼 카스9'이다.

크리스퍼 카스9의 혁명

크리스퍼는 문제 있는 특정 유전자를 정확히 편집할 수 있는 가위로, 이 가위를 통해 인간, 동물, 식물 등의 모든 유전자들을 임의로 편집할 수 있다. 이로써 인간은 인간을 편집하는 편집 프로그래머가 될 수 있게 되었다. 크리스퍼 장비는 30불 정도에 구입 가능하기 때문에, 전문적인 지식이 있는 사람은 누구나 이 장비를 통해 유전자를 편집할 수 있다. 이 크리스퍼를 이용하면 노화를 촉진하는 유전자를 발견·편집해 노화를 방지하고, 다양한 난치병 치료를 할 수 있다. 과거에는 유전자 해독을 하는 데 약 32억이 들었지만, 이제는 1천 불 이하의 비용만 있으면 된다. 유전자 해독을 통해 문제 있는 유전자를 미연에 크리스퍼로 제거하여 새로 편집해 모든 문제를 제거함으로써 새로운 유전자로 대치가 가능해졌다.

2015년 중국은 이미 인간배아의 유전자 편집을 시도해, 맞춤형 아기(Designer Baby)의 가능성을 열어 놓았다. 아직 윤리적 문제로 시행되고 있진 않지만, 이러한 윤리적 문제는 과학기술 앞에 곧 무릎을 꿇게 될 것이라는 데 이 분야의 전문가들은 대부분이 동의하고 있다.

크리스퍼 기술의 발달로 유전자 편집이 쉽게 이루어진다면 다양한 일이 가능해질 것이다. 식물이나 과일에 활용하여 인류의 식량부족 문제를 해결할 수도 있고, 인간에게 활용하여 암이나 치매, 파킨슨병 등 각종 난치병을 치료할 수도 있는 것이다. 탈모나 시력 문제도 모두 해결 가능해진다.

인간 게놈 32억 개의 염기쌍 중, 단 하나의 잘못된 유전자 속의 문제도 찾아내기만 하면 이 크리스퍼를 통해 그 문제를 해결할 수 있다. 그러다 보니 우리 몸에 이상을 주는 이상 유전자를 생명공학자들이 정확하게 찾아 크리스퍼로 제거한 뒤, 정상유전자로 편집하면 질병이 있는 사람도 정상으로 만들 수 있게 되는 것이다. 이러한 과정을 거쳐 32억 개의 인간 유전자들에 이상을 가져오는 유전자를 발견하고 그 자료를 사람에게 적용시킨다면 대부분의 질병들이 치료될 수 있을 것으로 보인다. 이 일은 꿈이 아니라 현실에 이루어지고 있는 일이다. 2040년, 늦어도 2050년 안에는 가능할 것으로 보인다.

크리스퍼 기술의 발달은 현재의 인간뿐만 아니라, 미래의 후손에게도 적용되는 일이다. 미래의 후손들에게 있을 질병을 예방할 수도 있다. 다우드나 교수는 다음과 같이 말한다.

크리스퍼 기술은 또 다른 잠재력이 있다. 살아 있는 사람의 질병 치료뿐만 아니라 미래 후손의 질병도 예방할 수 있는 것이다. 크리스퍼 기술은 아주 간단하고 효율적이기 때문에, 과학자가 한 세대에서 다음 세대로 건네지는 유전정보가 들어 있는 인간 생식 세포를 변형하는 데 이용하기 쉽다. 이 기술은 언젠가, 어디에선가 인간이라는 종의 게놈을 유전될 수 있는 방식으로 바꾸는 데 이용되어, 인류의 유전자 구성을 영원히 바꾸는 데 이용될 것이 틀림없다.

- 제니퍼 다우드나·새뮤얼 스턴버그, 『크리스퍼가 온다』 중

필자가 아는 사람 가운데 같은 암으로 죽었거나, 그 암의 유전자를 갖고 있는 사람이 있다. 가족들이 같은 암으로 계속 죽고 문제가 생기자 그 사람은 상당히 불안해했다. 그래서 암의 원천을 없애기 위해 수술을 미연에 받아 현재 생활하고 있다.

미국의 유명 배우인 안젤리나 졸리도 그의 가슴을 수술했다는 것을 잘 알고 있을 것이다. 가족력에 의해 암에 걸릴 확률이 85% 이상이 나오자, 미리 수술을 해 버린 것이다.

그러나 앞으로는 그럴 일이 없을 것이다. 왜냐하면 크리스퍼 기술의 발달이 일반화되면, 암을 발생케 하는 이상 유전자를 편집해 그 유전자를 정상 유전자로 대치해 버리면 되기 때문이다. 머지않아 우리는 이러한 시대에 살게 될 것으로 보인다.

2018년 8월 24일 자 《동아사이언스》에 의하면 크리스퍼 가위의 개

척자인 제니퍼 다우드나 교수는 "2~3년 안에 크리스퍼를 이용해 감염병을 진단하거나 DNA에 정보를 저장할 수 있게 될 것입니다. 유전공학 효모를 통해 신약도 생산할 수 있을 겁니다"라고 했다.[7]

2012년에 나온 유전자 가위는 불과 6여 년 만에 생명공학에 응용되어 여러 병들을 치료하는 역할을 담당하게 된 것이다.

같은 기사에 의하면, 다우드나 박사는 크리스퍼를 구성하는 단백질을 새롭게 바꿔 바이러스 진단 도구로 만드는 연구를 하고 있는데, 현재 가장 널리 쓰이는 카스(Cas)9 단백질 대신 카스12a라는 단백질을 이용해 인간 유두종 바이러스(HPV)를 빠르고 정확하게 진단하는 기술을 개발했다고 한다. 그는 "자궁경부암을 예방하는 데 도움이 될 것"이라고 하였다.

이런 속도라면 불과 몇 년 안에 대부분의 질병에 있어 크리스퍼가 사용되어 수많은 질병을 치료하는 데 도움을 줄 것으로 보인다.

크리스퍼 기술을 적용한 식품은, 유전자 재조합을 해서 만든 식품(GMO)과는 전혀 다르다. GMO는 외부 DNA를 주입해 그 종을 강하게 만드는 것이지만, 크리스퍼는 외부 DNA가 들어가지 않고, 자체 DNA에서 편집해 이상 DNA를 제거하고 정상으로 편집하는 것이다.

---

7) 윤신영 기자, "'2~3년 내 크리스퍼로 감염 병 진단할 수 있게 될 것'", 《동아사이언스》, 2018.08.24.

대부분의 학자들이 GMO식품의 안전성에 동의를 하고 있지만, GMO 식품을 먹는 일반인들은 그렇게 생각하지 않는다. 다양한 변형 생명체가 나왔으며, 변형 물질들이 나왔기 때문이다. 그리고 소수의 실험에서 GMO식품의 위험성도 발견되었기 때문이다. 미국 내 승인 받은 GMO 식품은 50종이 넘고, 이미 우리나라도 많은 양의 GMO식품을 수입, 국내 소비 중이다. 그러나 앞으로 우리들의 식탁에는 GMO식품이 아니라 크리스퍼로 편집된 식품이 올라올 것으로 보인다.

크리스퍼의 위험

원래 유전자 조작은 인간의 영역이 아니라, 신의 영역에 속하는 것이라 모두 인식하고 있었다. GMO든 크리스퍼든 유전자를 조작해 새롭게 만든다는 것은 동일하다. 유전자 조작은 사람의 근간을 바꿀 수 있는 문제이기 때문에, 여기에는 윤리적 문제가 뒤따른다. 인간을 이롭게 하기 위해 사용되는 다양한 기술이라 하더라도, 이것이 잘못 사용되면 무서운 무기로도 돌변할 수 있기 때문이다.

유전자 조작을 통해 각종 질병을 치료하고 수많은 혜택을 인간들에게 줄 수 있겠지만, 역으로 프랑켄슈타인이나, 키메라 같은 괴물을 만들 수도 있다. 그뿐만 아니라 인간 유전체를 합성해 맞춤 복제인간이나 부모 없는 아이까지 만들 수 있게 된다. 중국뿐만 아니라 이미 전 세계에서 이에 대한 연구나 실험이 진행 중에 있으며, 영국은 초기 배아의 유전자 실험을 합법화시켰다.

같은 종의 유전자가 아니라 서로 다른 종의 유전자의 장점만을 가져와 새로운 종, 아니면 더 강한 종으로 만들고자 하는 인간의 노력은 더 오래 살고 더 행복해지고자 하는 기본적 욕구에서 발생한다. 그러나 이 기본적 욕구 이면에는 사탄의 무서운 음모가 있다. 절대 모든 것이 우리가 바라는 그러한 장밋빛 세계만을 던져 주는 것이 아니다.

사람의 욕망은 끝이 없다. 한 번 시도된 유전자 조작에 대해 아무리 법적으로 그 근거를 마련하고, 윤리적 기준을 마련한다 하더라도 욕망에 사로잡힌 인간들은 자신들의 욕망을 이루기 위해 무서운 실험들을 계속할 것이다. 유전자 조작 기술의 향상과 더불어 인공지능까지 가세를 하게 되면, 어쩌면 돌이킬 수 없는 상황이 발생할 수도 있다. 현재의 상태로 계속 가면 분명 복제기술이 고도화되면서 인간 복제 기술이 완벽해져, 인간의 유전자를 통해 복제인간을 만들 수 있는 시대가 반드시 오게 될 것이다. 음모론이긴 하지만 이미 복제 인간은 만들어져 있다는 이야기도 있다. 이는 인간의 신의 영역에 대한 도전으로 신의 진노를 결코 피할 수 없는 행위다.

이 세상 모든 피조물에 있어 생명의 주관자는 하나님이시다. 그런데 하나님의 영역에 인간이 뛰어들어, 인간 수명을 조절하고, 더 나아가 영생불사를 원하는 방향으로 연구가 진행되며, 이제 이론적 완성을 거쳐 실험단계에 접어들어 있다. 하지만 이는 허황된 꿈에 불과하다. 왜냐하면 하나님의 진노의 잔을 마셔야 하기 때문이다.

성경은 다음과 같이 말하고 있다.

너희가 평안하다, 안전하다 할 때에 멸망이 홀연히 다가올 것이라고.

CHAPTER 4
인간복제

이제 복제란 용어도 그렇게 낯설진 않다. 이미 우리들의 귀에 학습되어 익숙해졌기 때문이다. 처음에 동물복제, 사람복제란 말을 들었을 때는 상당히 낯설고 이상했는데, 이제는 아무렇지 않다. 그리고 대부분의 사람들에게 복제는 친숙한 용어로 다가와 있다. 수많은 신약들이 복제되어 우리들의 생활 속에 깊이 들어와 있으며, 여러 종류의 동물들이 복제되어 자주 매스컴에 오르내리기 때문일 것이다.

인간은 학습을 할 수 있는 피조물이다. 물론 아주 기초 수준의 학습은 가능한 동물들이 있긴 하지만 인간만큼 학습할 순 없다. 인간은 학습을 통해 악이 선이 되기도 하고, 선이 악이 되기도 한다. 학습을 통해 인간답게 되기도 하고, 짐승같이 되기도 한다. 복제란 말도 이제 학습이 되다 보니, 자연스런 언어로 다가와 당연한 듯이 느껴진다.

"포드기원[8] 632년(서기 2545년) 지구는 세계국가에 의해 통치되고 있었다. 수천

---

8) 포드 기원은 미국의 자동차왕 헨리 포드(1863-1947)가 T형 자동차를 생산
    하기 위해 벨트라인 조립대를 도입한 1913년을 말하며, 대량생산 시대가 열
    린 해다.

년 동안 민족과 인종의 갈등을 겪어온 인류가 하나의 세계국가를 이룰 수 있었던 것은 생명복제에 의한 인간의 동일성 때문이었다. 세계국가에서는 모든 인간이 인간부화공장에서 태어났다. 정자와 난자를 인공수정시킨 수정란은 배양과정을 거쳐 최고 96명의 일란성 쌍둥이를 만들어 냈다. 이 인간부화공장이야말로 세계 인구를 조절하고 인간의 동일성을 이뤄내는 세계국가의 핵심 시설이었다. 따라서 모든 사람들은 부모가 없고, 자식 또한 애써 낳을 필요가 없었다. 성생활이란 오직 쾌감을 얻기 위해 이뤄졌고 사랑이란 이기적인 감정을 억제하기 위해 어렸을 때부터 프리섹스(free sex)를 즐길 수 있도록 교육받았다."

1932년 세계적 문호인 영국의 소설가 올더스 헉슬리(Aldous Huxley, 1894~1963)가 쓴 SF 소설 『멋진 신세계(Brave New World)』에 나오는 글 중의 일부이다.

올더스 헉슬리는 유명한 생물학 연구 집안의 자녀로 태어났다. 할아버지는 진화론 보급에 크게 기여하였던 동물학자 토마스 헉슬리(1825~1895)며, 그의 형은 유네스코 초대 사무총장을 지냈던 생물학자 줄리언 헉슬리(1887~1975), 동생은 1963년 노벨생리의학상을 받은 앤드류 헉슬리(1917~2012)였다. 이러한 집안에서 성장한 올더스 헉슬리는 비록 동물학자나 혹은 생물학자는 아니더라도 집안의 분위기와 배경 속에서 동물학이나 생물학 분야에 대한 여러 지식을 자연스럽게 축적하게 되었다. 이러한 그의 지식을 통해 만든 가상소설이 『멋진 신세계』였다.

가상세계를 상상하며 만들어낸 그의 소설은 가상이 아니라 이제 현실의 일로 우리 앞에 한 걸음 다가와 있다. 아니 오히려 그의 『멋진 신세계』에서 그려낸 가상적 현실, 즉 인공수정을 통한 인간의 복제보다 더 진보한 체세포를 통한 인간복제가 가능한 현실로 다가온 것이다. 그것도 서기 2545년이 아니라 서기 2000년, 약 500년 이상을 앞당긴 시기다. 놀라운 일이다. 만약 헉슬리가 살아 있다면 이 엄청난 현실 앞에 과연 어떠한 반응을 보였겠는가.

과학이나 의학, 그리고 여타의 모든 기술의 발전은 무어의 법칙[9]을 따른다. 이 법칙에 의해 과거, 오랜 시간에 걸쳐 만들어지는 기술들이 나중에는 아주 짧은 시간에 만들어지는 가속의 원리가 작용하는 것이다. 이러한 법칙에 의해 구글의 기술이사 레이 커즈와일은 2045년경, 인간의 뇌는 영원히 살 수 있는 기술이 개발되어, 영생불사할 수 있다는 확신을 갖고 있다고 말한다.

과학과 인류의 복지를 표방한 인간은 유전자, 즉 게놈 프로젝트를 통해 감히 신만이 가지고 있는 절대적 고유 권한에 도전장을 내밀었다. 인간도 새로운 생명체를 만들 수 있다는 사실을 확신하며 진행된

---

9) 18개월을 주기로 컴퓨터의 성능은 2배로 향상되고 컴퓨터 가격에는 변함이 없다는 법칙. 인텔의 창립자 고든 무어(Gorden Moor)가 자신의 경험을 통해 발견한 법칙으로 2년 정도마다 새로운 세대의 마이크로칩이 개발되지만 그 가격에는 별다른 변화가 없다고 한 이론이며, 가속 확장의 법칙이라고도 한다. 이는 현재의 기술이 가속화되면서, 기술발전 기간이 계속 짧아진다는 것으로, 이미 현실화되고 있다. 인류 2000년에 걸쳐 만들어진 모든 기술들이 이내 20년 만에 가능해지는 원리와 같은 것이다.

이 계획은 이제 그 완성 단계에 와 있다. 이미 유전자 조작을 통해 맞춤형 아기 출산이 가능해졌고, 2026년경에는 염기쌍에서 기능적인 인간 게놈을 구축, 합성인간을 만들어 낼 수 있음을 예고하고 있다. 이러한 일은 2015년 뉴욕대학 란곤의료센터(NYU)에서 비밀리에 열린 회의에서 밝혀졌는데, 이 회의의 목적은 새로운 휴먼 게놈 프로젝트를 시작하고, 2026년까지 기능적인 인간 게놈을 구축하는 것이다.[10]

게놈 프로젝트(Genome Project)란

게놈(Genome)이란 유전자(Gene)와 염색체(Chromosome)의 합성어로서 국내에서는 독일어 발음에 따라 '게놈'이라 부르게 되었다. 게놈은 DNA를 담고 있는 그릇의 개념으로 유전정보 전체를 의미하는 것이다.

DNA는 인체의 모든 생명에 관한 정보를 담고 있는 분자구조로서 한글로 디옥시리보 핵산이라 부른다. 이 DNA는 23쌍의 염색체로 구성되어 있으며 아데닌(A), 티민(T), 구아닌(G), 시토신(C)이라는 4가지 염기가 나열된 이중나선구조의 형식을 가지고 있다. 4가지 염기는 3개씩 조합된 유전암호를 가지고 있으며 이 유전암호는 아미노산을 만들어 내고 이 아미노산이 단백질을 합성한다. 아미노산을 만드는 메

---

10) 박영숙·제롬 글렌, 『세계미래 보고서 2055』, 비즈니스북스, p.257.

신저 역할을 하고 사라지는 것이 리보핵산(RNA)인데 메신저라 하여 mRNA(Messenger RNA)라 부르기도 한다.

유전자는 이 구조가 세포 내에서 하나의 기능을 하는 기능적 단위이며 게놈은 총체적 개념의 성격을 띠게 된다. 하나의 유전자는 약 500개의 RNA를 낳는데 아무 기능이 없는 염기절편을 포함하고 있어 유전자 하나를 구성하는 염기는 수십만 개에 이른다. 인간의 유전자는 약 10만 개, 염기는 32억 쌍이다.

게놈 프로젝트는 바로 이 염기 순서를 모두 밝혀내는 작업이다. 게놈 프로젝트의 목표는 인간의 모든 유전자의 동정을 알아내고, 인간의 DNA를 이루고 있는 32억 개의 화학적 염기 배열을 결정하며 여기에 대한 데이터베이스 정보를 기록하고 분석하여 기술상의 모든 문제를 개선해 인간에게 적용하는 것으로 되어 있다.

이 연구는 1953년 왓슨(James Watson)과 크릭(Francis Harry Compton Crick)이 생명현상의 정보를 담고 있는 DNA를 규명한 덕에 복잡하게 엉킨 생명의 실타래가 서서히 풀리면서 시작되게 되었는데, 사람의 게놈에 포함된 모든 유전 정보를 밝혀내겠다는 본격적인 계획은 1990년에 미국 정부에 의하여 시작되었다. 미국 정부는 애당초 1990년 약 30억 불의 예산을 들여 2005년에 완성하기로 계획했으나, 1999년에 크레이그 벤터(Craig Venter) 박사가 이끄는 셀레라 지노믹스사가 미국 정부보다 더 적은 비용으로 그리고 더 빠르게 게놈의 정보를 밝혀낼 수 있다고 선언하면서 이 인간 게놈에 대한 연구는 더욱더 가속도가 붙게 되었다.

최초 2005년을 완성의 해로 잡았던 인간 게놈 프로젝트는 민간 사업체가 뛰어들면서 더욱더 빠른 행보를 거듭하였다. 1999년 9월 14일 미국 인간 게놈 프로젝트의 두 책임자인 국립인간게놈연구소 소장 프랜시스 콜린스 박사와 에너지부 게놈 프로그램 대표 아리 패트리노스 박사는 게놈 프로젝트를 2년 앞당긴 2003년에 완료하겠다고 발표하였다.

그러나 이러한 발표가 나온 지 불과 약 5개월 후 2000년 2월 29일 빌 클린턴 대통령은 마이애미비치 민주당 선거자금 행사에서 그의 연설을 통해 앞으로 두 달 후면(2000년 5월) 인간의 특성을 전달하는 유전표지인 인간 게놈 배열 작업이 완료된다고 하였다. 실제로 셀레라 지노믹스사도 2000년 중반쯤 이 계획이 완성될 것이라고 발표한 적 있었다. 최초의 계획에서 5년이나 당겨진 셈이다. 무어의 법칙이 적용된 것이다.

이러한 게놈 연구의 급속한 발전으로 말미암아 인간 게놈 지도에 대한 초안을 2000년 6월 중 인터넷을 통하여 공개하겠다고 영국의 BBC 방송사가 2000년 3월 31일에 발표했는데, 그 발표대로 6월 26일에 인간 게놈 정보에 대한 모든 것이 일차적으로 공개되었다.

빌 클린턴 미국 대통령은 2000년 6월 26일 "아직 완전하지는 않지만 인간의 유전자 지도 초안이 완성됐다"고 발표하고 "이 지도는 인류가 걸어온 지금까지 만든 지도 가운데서 가장 경이로운 것"이라고 하였다. 그는 이어서 국제 컨소시엄인 인간게놈 프로젝트와 미국의 민간 기업인 셀레라 지노믹스 등의 인간 게놈 지도 연구 작업 관계자들이 배석한 가운데, 백악관에서 열린 기념식에서 "오늘 우리는 신이 인간을 창조한 과정을 연구·이해하는 단계에 접어들었다"고 선언하였다.

인간 게놈 지도의 발표는 인간의 생명에 대한 신비를 밝히고 아울러 인간의 생명을 이루어 가는 신비가 완전히 밝혀졌다는 사실에 있어 새로운 시대의 새로운 혁명임에 틀림없으며 앞으로의 유전자 시대에 대한 서막을 열고 있는 일이다.

지금까지 인간의 생명에 대한 모든 것은 신의 영역이며, 신만이 할 수 있는 고유의 것으로 인정되어 왔고 또 그렇게 되어야만 하는 것으로 인식되어 왔다. 그러나 이제 인간 게놈에 대한 모든 계획이 완료되었고 인간 유전자에 대한 완벽한 지도가 완성됨으로 이러한 통념적인 모든 사고는 구시대의 유물로 전락되어 버렸다.

인간의 생명과 삶의 모든 순환 고리는 신의 고유한 권한으로 신의 뜻에 의하여 움직이는 것이었다. 그러나 인간 게놈 지도와 유전자 가위, 인공지능 등의 완성으로 이러한 인간의 생명과 삶의 순환 고리가 앞으로는 신의 임의대로 움직이는 것이 아니라 인간의 손에 의하여 조정되고 움직이게 되는 것이다. 완벽한 인간 유전자의 샘플을 통해 잘못된 모든 유전자는 사전에 차단될 것이며 불치의 모든 병들도 유전자 치료에 의한 완치가 가능하게 될 것이다.

인간 게놈 프로젝트, 이러한 인간의 연구와 노력의 결과는 과연 우리 인류에게 지상낙원을 가져다 줄 것인가? 그리고 신은 어느 정도까지 침묵만 하고 계실 것인가?

게놈 프로젝트의 완성 - 지상낙원을 꿈꾸는 인간

일명 '생명의 서'라고 불리는 인간 게놈 지도의 초안이 2000년 6월에 공개되었다. 그렇다면 이러한 인간 게놈 지도의 완성이 우리 인류에게 어떤 영향을 미치게 될 것인가? 왜 인간들은 인간 유전자에 대한 연구를 시작하였는가?

이미 미국 생명공학 기업인 '휴먼 게놈 사이언스'의 윌리엄 헤즐타인 박사는 2050년에 태어나는 인간은 1백 50년을 살 수 있을 것이라고 하였으나, 현재는 이러한 가능성이 훨씬 앞당겨졌으며, 150세가 아니라 뇌를 영원히 생존시킴으로 영생불사할 수 있는 길마저 만들어져 가고 있다. 실제로 인간의 수명은 1900년에는 약 47.3세였으나 1999년도에는 77세로 늘어났으며 현재는 80세를 넘기고 있다. 미국의 유전학자인 톰 존슨 박사도 다양한 유전학적 치료가 발전하면 인간의 수명은 150세까지도 가능할 것이라 말하였다. 그리고 더 진보된 유전학자들은 더 나아가 인간이 500세, 1,000세를 사는 것은 이제 시간문제일 뿐이라고 한다.

『노화의 종말』이란 책을 쓴 오브리 드 그레이(Aubrey de Grey)는 노화를 인생이 겪어 가는 당연한 과정으로 보지 않고, 하나의 질병으로 보며, 이 노화 질병을 치유하면 1,000세까지도 인간이 살 수 있다고 하였는데, 여러 방면의 연구결과에 의해 이미 이 문제가 해결되어 가고 있다.

2000~2003년 사이에 인간 게놈 지도 최종안이 발표되며 미국 의회에서는 유전적 차별을 금지하는 법이 제정될 것이다. 2002~2010년 사이에는 암, 당뇨병, 뇌졸중의 유전자 검사법이 처음 개발되고 혈우병, 심장병과 일부 암에 대한 유전자 요법이 임상실험될 것이다. 2015년까지는 환자 개개인의 유전구조에 맞는 치료가 가능해지면서 암을 포함한 많은 질환들이 치료될 것이다. 2025년까지는 결함 있는 유전자를 수리하는 것이 가능해진다. 따라서 겸상 적혈구 빈혈 같은 선천성 질환들이 치료될 것이다. 그리고 2050년까지는 많은 잠재성 질환들이 실제로 발생하기 전 분자적 수준에서 완치될 것이다. 인간의 평균수명은 90~95세에 이르며 인간 노화 유전자가 규명되면서 인간의 수명을 최대로 연장시키기 위한 노력에 박차를 가하게 될 것이다.[11]

어쩌면 이 모든 일들이 이보다 더 빨리 일어날 수 있을지도 모른다.

최근엔 유전적 치료가 아니라도 약물을 통해 인간 세포를 젊게 만

---

11) 국제신문 디지털 뉴스부, '게놈 연구의 미래', 2000.01.02.

드는 약이 나와 현재 시판 중에 있다. 그러나 현재 시판되는 약은 아직 그 완성도에 있어 많이 부족하기 때문에 일반인들에게 잘 알려져 있지 않다. 이러던 중 세포복구기능에 중요한 니코틴아미드 아데닌 디뉴클레오티드(NAD, nicotinamide adenine dinucleotide)라는 물질의 전구체인 니코틴아마이드 모노 뉴클레오타이드(NMN, nicotinamide mono nucleotide)를 투여해 노화한 세포가 젊어지는 것을 증명했는데, 미국 하버드대 유전학과 교수이자 글렌 노화생물학센터 공동소장인 데이비드 싱클레어 박사에 의해서이다. 그는 쥐를 통해 실험한 결과 10% 정도의 수명을 연장시켰으며, 탈모에도 효과 있음을 증명했다.

싱클레어 박사는 인간에 대한 임상실험은 2020년까지 마칠 계획임을 밝혔다. 그는 자신에게 이 약물을 투여하여 현재 만 25세의 생물학적 나이로 돌아갔다고 말하고 있다. 그의 실제 나이는 현재 만 49세다. 또 그는 가족에게도 약물 치료를 시도했다. 현재 만 79세인 아버지에게 1년 전부터 치료를 시작하였는데 그의 아버지는 래프팅과 여행을 즐기며 젊었을 때보다 훨씬 더 활동적으로 변했다. 그의 40대 처제는 원래 폐경기에 접어들었지만 치료 이후 다시 생리를 시작했다. 다만 그는 아직 대규모 임상시험이 완료되지 않았으므로 과학적인 증명과 안전성이 확인될 때까지는 주의해야 한다고 지적했다. 그리고 NMN 기술을 이용하면 손상된 장기를 살릴 수 있을 뿐만 아니라 마비 상태가 된 환자들이 다시 일어날 수 있다고도 하였다.[12]

---

12) 윤태희, "'49세가 25세로…하루 커피 1잔 값 회춘 약 나온다'", 《서울신문》, 2018.09.04,

필자가 추측건대 싱클레어 박사에 의해 만들어진 이 약물은 노화 염색체인 텔로미어의 길이를 조정하는 약물이 아닌가 싶다.

오래 살고 싶어 하는 것은 모든 생명체의 자연스런 본능이다. 사실 인간 게놈 지도가 완성되면, 수명연장뿐만 아니라 다른 여러 가지의 혜택도 동시에 볼 수 있을 것으로 추측하고 있다. 예를 들면 암, 고혈압, 정신분열증, 백혈병, 치매, 심장기형 등 유전적인 영향을 받는 모든 질병의 비밀을 밝혀낼 수 있을 것이며 여기에 대한 치료 또한 가능하게 된다. 더군다나 유전자 가위인 크리스퍼카스9이 나오면서 이런 일들은 더욱더 현실화되게 되었다. 실제로 완성된 인간 게놈 지도를 통해 우리가 지금까지 신비하게만 여겨왔던 각종 생명현상을 이해하고 단계별로 설명하는 것이 가능해질 것이며 왜, 어떻게 질병이 생기고 자라나 노화와 사망을 가져오는가를 이해하게 될 것이다.

현재 노화는 노화 염색체인 텔로미오의 길이에 의해 나타난다는 사실을 밝혀내었다. 사람의 노화가 진행되면서 텔로미오의 길이도 짧아지는 것을 발견하여, 이 텔로미오의 길이가 짧아지지 않도록 유전자 치료를 하게 되면 노화가 멈출 수 있게 됨을 알게 된 것이다. 그리고 질병과 노화와 죽음에 대한 여러 가지 대안과 치료 방법들을 연구하여 인류 앞에 내어놓게 될 것이다. 지금까지 신비요, 베일에 가려 있던 신의 영역인 생명의 설계도를 인간의 손에 넣게 되는 것이다.

사람들은 인간 게놈 지도를 이용해 모든 질병의 원인을 발견하여 미연에 이 질병을 예방하거나 방지할 수 있게 된다. 인간 게놈 지도의 모든 정보는 불과 성인 남자 엄지손톱 크기의 DNA(유전자)칩에 다 담긴다. 그렇기 때문에 이 조그마한 유전자칩에 사람의 세포를 하나 떼내어 유전자칩에 반응을 시키면, 질병에 걸릴 모든 가능성이 불과 몇 시간 안에 파악된다. 그러면 질병에 걸릴 유전자를 제거하고 건강한 유전자로 대치하여 질병에 걸리지 않게 되는 것이다.

그리고 인간을 노화시키는 노화 유전자를 제거하거나 새로운 유전자로 대치 혹은 약물을 통해 치료할 경우 노화를 방지할 수도 있다. 그러면 자연적으로 인간의 수명은 연장되는 것이다. 여기에다 나노칩의 개발로 이제는 노화만 연장시키는 것이 아니라, 인간의 뇌를 영구 보관하는 방법까지 나오고 있다.

이제 인간의 생로병사를 인간의 손으로 조정할 수 있는 현실이 다가오고 있다. 더 나아가서는 유전자 조작을 통해 새로운 생명체까지도 복제해 만들 수 있게 된다. 즉, 생명체 복제가 가능하다는 사실이다. 그러면 인간은 생명체를 만드는 창조자가 되는 것이다.

이미 선진국에서는 오래전 시행하고 있었던 유전자 정보 분석이, 우리나라도 2016년 생명윤리법을 개정해, 병원이 아닌 일반 기업에서도 개인 유전자 정보를 알 수 있도록 했으며, 현재는 비만과 당뇨, 탈모 등 12개 유전형으로 한정돼 있지만 앞으로 더 많은 정보들을 공개하도록 할 것이다. 울산에 기반을 둔 클리노믹스는 유전정보를 분석해 질병을 예방·진단하고 있으며, 역시 울산에 기반을 둔 힐릭스코는

타액을 이용해 DNA를 진단하는 사업을 진행하고 있다.

1990년에 시작된 휴먼 게놈 프로젝트는 단지 인간의 유전체를 구성하는 염기서열을 모두 밝히는 작업이었다면, 이제 연구자들은 합성생물학에 초점을 두어 새로운 휴먼 게놈 프로젝트를 진행하고 있는데, 이는 인간이 직접 게놈을 만들어 낼 수 있는 단계를 말한다. 이렇게 되면 인간 복제는 아주 간단해지며, 합성 인간을 만들어 낼 수 있는 길이 열리게 된다. 새로운 휴먼 게놈 프로젝트의 완성은 2026년경으로 보고 있다.

지금 우리 앞에는 실로 엄청나고도 놀라운 일들이 일어나고 있으며 진행되고 있다. 다시 말하면 새로운 세계가 건설되고 있는 것이다. 우리가 전혀 상상치 못하였던 그러한 세계가 열리고 있다. 과연 지상 낙원이 이루어질 것인가?

새로운 창조자 인간 - 생물복제

인공수정이라는 말은 이제 과거의 한 유물처럼 여겨진다. 사실 인공수정 그 자체도 획기적인 의학 발전의 한 쾌거였지만 새로운 게놈 휴먼 프로젝트가 완성 단계에 들어서면 인공수정은 거의 필요 없어지게 될 것이다. 현재 체외 수정을 통해 태어난 아기는 약 500만 명

이상이다. 그리고 이제는 착상 유전자 진단법이라 하여 태어날 아기의 성별이나 유전자 결함, 돌연변이 등도 미리 확인이 가능하다.

2016년 9월 27일 미국의 한 연구팀은 어머니가 둘, 아버지가 하나인 아이가 태어났다고 발표했다. 이는 두 엄마의 난자를 결합해 하나의 난자를 만들어, 한 남자의 정자와 수정시켜 아기를 태어나게 한 것이다. 결함이 있는 어머니의 난자와 전혀 결함이 없는 어머니의 난자를 서로 유전적으로 합쳐, 결함이 없는 하나의 난자로 만들어, 아버지의 정자와 수정토록 한 것이다.

생명체는 자연적 수정을 통해 탄생되는 것이 자연의 도리이며 이치이다. 실제로 인공수정 그 자체도 자연의 이치를 거역하는 행위임에 틀림없다. 그러나 앞으로는 이러한 수정을 거치지 않고도 새로운 생명체의 탄생이 이루어질 것이다.

1952년 미국 로버트 브릭스 박사팀이 올챙이의 세포로 개구리를 복제한 것이 생명체 복제의 시작이다. 1996년 7월 5일 영국 에든버러 근처 로슬린 연구소의 이언 윌머트 박사는 6년생 암양의 유방세포에서 핵을 꺼내 다른 양의 난자(미수정란) 안에 있는 핵을 제거하고 그 자리에 대신 넣었다. 그런 다음 전기 충격을 통해 세포분열을 일으켜 '돌리'라는 복제 양을 만들게 되었다. 돌리의 복제는 정상적 수정세포의 복제가 아니라 체세포 복제이기에 더욱더 인간 복제의 가능성을 현실화시키고 있다.

돌리 이후 미국에서는 생쥐를, 일본과 뉴질랜드에서는 소를 복제하였다. 생물들 하나하나가 복제되기 시작한 것이다. 실제로 지금까지의 실험 결과로 보건대 짐승의 신체 일부를 떼내어 복제를 하는 것은 그렇게 어렵지 않은 일이었다. 이런 와중에 1999년 2월 12일에 우리나라에서도 세계 5번째로 체세포로부터 동물을 복제하는 데 성공하였다. 당시 서울대 수의학과 황우석 교수팀이 젖소의 자궁세포에 들어 있는 DNA를 복제해 어린 젖소를 출산시켰다. 이 복제 젖소의 이름은 '영롱이'였으며 영롱이가 태어난 지 두 달 뒤에는 복제 한우인 '진이'가 태어났다. 현재는 개, 돼지, 등의 복제도 가능해졌으며, 중국은 우리 인간과 가장 가까운 영장류인 '쫑쫑'과 '화화'라는 원숭이를 체세포 복제해 성공했다.

유전학 연구가들은 서로가 눈치를 보면서 다음과 같이 말을 한다. "이제 인간 복제는 시간문제다. 단지 누가 고양이의 목에 방울을 달 것인가"라고 말이다.

'인간 복제'란 돌리의 복제와 같은 맥락에서 이루어진다. 양 대신 인간의 난자와 체세포를 사용한다는 점만이 다를 뿐이다. 이제 인간 복제에 앞서 인간 배아 복제에 대한 단계를 지나 본격적인 인간 복제의 단계로 접어들게 될 것이다.

인간 배아 복제는 곧 허용될 것이고 이미 허용된 나라도 있다. 어쩌면 여러 나라에서 비밀리에 배아 복제가 진행되어 왔을 수도 있다. 배아 복제에 대한 여러 윤리적 문제에 대한 논란은, 인간의 복지와 질병의 정복, 수명연장이라는 논리 앞에 무용지물이 될 것이다. 아직은 많은 과학자들이 윤리적 문제로 인간 복제를 반대하지만 배아 복제[13]가 법적 근거를 안고 진행되면 인간 복제는 자연스러운 순서로 나타나게 될 것이며, 결국 과학의 진행 앞에 인간의 윤리는 무참히 짓밟히게 될 것은 누구나 알 수 있다.

프린스턴 대학의 리 실버 박사는 그의 작품 『리메이킹 에덴』에서 "인류는 결국 생식할 수 없는 두 종으로 나뉘게 될 것이다"라고 예측을 하였다. "우생학적 유전인간과 열등한 유전인간으로 분류되어 열등한 유전인간은 민족의 순수 혈통을 복원하고 건강한 후세를 낳는다는 명분으로 우생학적 유전인간에게 도태당하게 될 것이다"라고 하였는데, 이러한 일을 예측해서인지 이미 여기에 대한 영화도 1997년에 〈가타카〉라는 제목으로 나왔었다.

---

13) 생물체에서 체세포를 채취해 배양처리한 후 이 세포를 핵이 제거된 난자에 주입해서 세포를 융합시키는 과정을 체세포의 핵이식 과정이라 한다. 이처럼 체세포 핵이식된 융합 난자를 인큐베이터에서 배양하면 정상적으로 정자와 난자가 결합된 것처럼 세포가 2, 4, 8, 16개로 분할되는 과정을 거치게 된다. 이후에 분할된 난자가 자궁에 착상돼 정상적으로 분만이 되면 복제된 생명체가 나오게 된다. 물론 이 난자를 자궁에 착상시키지 않으면 생명체는 복제가 되지 않는다. 이처럼 난자를 자궁에 착상시키지 않은 상태까지를 '배아 복제'라고 하며 난자를 자궁에 착상시켜 생명체를 태어나게 하면 이 과정은 '체세포 복제'가 된다. 복제 양 돌리나 복제 소 영롱이도 이러한 체세포 복제 과정을 통해 세상에 태어났다. 세포가 2, 4, 8, 16개로 분할되는 과정의 기간을 배아기라고 한다. 이 과정을 통해 세포는 210여 개의 특정 장기로 서서히 분화되게 된다. 특정 장기로 분화되기 전 배아기의 세포를 가리켜 '간세포(幹細胞, STEM SELL)'라고 하며 이 세포는 심장이나 신장, 간, 혈액, 신경 등 온갖 장기와 신체 조직으로 발전할 가능성을 가지고 있어 줄기세포 또는 만능세포로도 불린다.

미국 과학자들이 인간 게놈 연구 과정에서 천재성을 결정하는 유전자를 찾아냈다는 사실을 영국 BBC 방송이 2000년 8월 8일 보도한 바 있다. 이 방송에 따르면 미 국립 보건원(NIH) 과학자들이 미국 내 천재 아동 200명과 보통 아동의 DNA를 비교·분석한 결과 중요한 차이를 발견하고, 천재 유전자를 추적하고 있다며 이미 연구 결과가 마무리되었다고 했다. 로버트 플로민 교수가 이끄는 이 연구팀은 지능 결정엔 하나 이상의 유전자가 관련돼 있으며, 이 유전자들이 지능에 큰 차이를 가져오는 것으로 보고 있다고 하였다. 뇌신경을 연구하는 뇌 과학자들은 인간의 뇌를 근본적으로 바꿀 수 있다는 사실을, 실험을 통해 이미 밝혀내었다.

제일병원 노성일 박사는 "유전자 생체이식술을 이용하여 자녀를 갖는 것은 CD를 찍어내는 것처럼 쉬운 일이 될 것"이라고 하면서, "남편의 피부세포에서 유전정보를 담은 DNA를 분리해 낸 뒤 이를 아내의 난자에 주입하고 다시 자궁에 이식하면 그뿐"이라고 하였다. 아무리 복제 인간의 생산을 법으로 엄격히 규제한다고 하여도 별 의미가 없다는 것이 그의 지적이다.

인간복제를 둘러싸고 세계적으로 논란이 확산되고 있는 가운데 이미 복제 실험에 착수한 것으로 알려진 종교집단 '라엘리안'의 비밀 연구소의 소재가 밝혀졌다고 영국의 《런던타임스》가 2001년 8월 12일 보도했었다.

《런던타임스》는 "이 연구소가 미국 웨스트버지니아주의 '니트로'라는 작은 마을에 있는 한 낡은 학교 건물에 입주해 있다"면서 "실험실은 이 건물 2층 복도 끝 201호 교실을 사용하고 있다"고 전했다.[14]

실험 결과 실제로 2002년 12월 26일과 2003년 1월에 각각 최초와 2번째 복제인간을 탄생시켰다고 종교집단 라엘리안[15]이 주장했으며, 인간복제를 실행에 옮긴 업체, 클로네이드의 대표인 프랑스 과학자 브리지트 부아셀리에는 복제인간임을 입증하기 위한 독립적인 실험이 곧 허용될 것이라고 말하기도 했다.[16]

캐나다의 종교집단인 '라엘리안 무브먼트'의 지원을 받고 있는 클로네이드사가 2001년 말까지 최초의 인간복제를 만들겠다는 선언을 했고, 그 선언대로 2002년 복제인간을 만들었다는 사실을 밝혔다. 이 복제는 라엘리안 무브먼트와 관계를 가지고 있는 미국인 부부가 태어난 지 10개월 만에 숨진 딸을 복제해 달라며, 클로네이드사에 100만 달러를 건네면서 시작된 것으로 알려지고 있다.

부와셀리에 교수 등은 복제양 돌리를 비롯해 동물복제에 사용한 것과 같은 방법으로 체세포 복제 방법을 이용한다고 했다. 죽은 아기

---

14) 런던·홍콩·베를린AFP연합, "'인간복제 종교집단 라엘리안 美 낡은 시골학교서 극비실험'", 《세계일보》, 2001.08.13.
15) 이 단체는 신흥 종교단체로 우리 인간이 외계인으로부터 유래됐다고 믿는 종교단체이다.
16) 김창회, "'라엘리안 6주 후 복제인간 3명 추가 탄생'", 《연합뉴스》, 2003.01.07.

의 체세포로부터 추출한 핵을 난자에 넣어 수정란을 만든다. 그리고 이 수정란을 대리모의 자궁에 착상시킨 뒤 출산시킨다는 시나리오였다.[17]

호주에서도 비밀리에 인간복제에 대한 실험이 이루어진 것으로 밝혀졌다.

호주의 《데일리 텔레그래프(The Daily Telegraph)》는 2001년 3월 12일 멜버른에 있는 스템셀 사이언스의 연구팀이 인간의 DNA가 포함된 세포를 돼지에게 이식시켜 32일간 배양했다고 보도하였다. 이 신문은 연구팀이 인간의 DNA가 제거된 돼지의 난자에 이식시켜 인간 배아를 만든 후 32일 만에 이를 폐기했다고 밝혔다. 이들이 적용한 기술은 미국과 이스라엘 연구팀이 추진키로 한 인간복제 기술과 거의 같은 것이라며 이를 한 단계만 더 진전시킨다면 완전한 아기 복제가 이루어진다고 하였다.

이미 영국에서는 인간 배아복제 허용 법안을 만들었으며 세계 최초의 인간배아 복제를 공식적으로 허용한 나라가 되었다.

2001년 1월 29일 자 《국제신문》에서는 "복제인간이 1-2년 내에 탄생할 것"이라는 제하에 영국 상, 하원의 복제인간 허용에 이어 미국

---

17) 박성훈, "'인간이 인간의 창조자가 될 수 있는가'", 《오마이뉴스》, 2003.01.20.

과 이탈리아의 불임치료 전문가들이 1~2년 내 복제인간을 만들겠다고 발표하는 등 복제인간의 탄생에 대한 연구가 세계적으로 확산되고 있다고 발표하였다.

2001년 3월 17일 자 《국민일보》 기사는 "'나와 똑같은 나…누가 진짜냐?'"라는 제하에 복제인간 탄생의 초읽기에 들어갔음을 보도하였다. 이 신문은 다음과 같이 기사를 전했다.

"복제인간 탄생이 현실로 다가오고 있다. 연내 태어날지도 모른다는 성급한 관측마저 나오고 있다. 인간 고유의 존엄성을 해치는 반윤리적 행위라며 종교계 등에서 강력히 반대하고 있음에도 이를 무시한 채 경쟁하듯이 인간 복제작업을 시도하는 움직임이 세계 곳곳에서 일고 있다. 기획복제 태아, 기계처럼 디자인되고 조립된 복제인간이 어느 날 우리 앞에 불쑥 나타날 것 같아 우려된다"고 전했었다.

복제인간 3명이 이미 만들어졌다는 말은 있으나, 그에 대한 정확한 자료는 전혀 나타나고 있지 않다.

2018년 현재 사이비 종교단체인 라엘리안에서의 발표 후 아직 복제 인간을 만들었다는 공식적인 발표나 말은 나오지 않고 있지만 세계적으로 인간복제에 대한 연구는 그 강도를 더해 가며 수많은 시행착오 끝에 언젠가는 인간복제에 대한 꿈을 이루게 될 것이다.

　현대 생명공학에 있어 유전기술의 발달과 인공지능, 마이크로칩 발달 등의 속도를 보아, 약 20여 년 전부터 진행된 인간 복제에 대한 연구와 실험은 더욱더 가속이 붙어, 조만간 그 결실을 볼 것임에 틀림없다. 만약 이렇게 된다면 앞으로의 시대에는 정상적인 부부관계를 통한 자녀생산은 더 이상 필요치 않을 것이며 부모 또한 필요치 않는 시대가 될 것이다. 원하면 언제든지 자녀를 얻을 수 있으며 언제든 부모가 될 수도 있다. 이러한 일은 먼 미래의 어느 시점에 일어날 가상적인 사건이 아니다. 현재 이 일이 실현 가능한 단계에 와 있다.

　현재는 2018년도다. 2000년대 초부터 인간 복제에 대한 연구가 비밀리에 계속되어 왔기 때문에, 인간복제는 이미 완성되어, 복제 인간이 존재한다는 사실들이 많이 알려지고 있다. 그러나 진실 여부는 밝혀지지 않고 있는데, 아주 민감한 사안이라 그렇지 않나 생각된다.

　사실 인간 복제에 대한 성공 가능성은 거의 제로라고 미 과학자들이 발표하긴 했다. 여기서 성공이란 정상적인 인간의 복제를 말한다. 미국 생식의학회 회장인 마이클 소울스 박사는, 양이나 소 등 동물의 복제 과정에서 나타난 많은 문제는 동물에 불행한 일이라고 치부하면 그만이겠지만 사람에게 이러한 문제가 발생하면 이는 불행 정도가 아니라 파멸이라 하였다. 이 말은 인간복제는 가능하되 정상적인 인간이 나오기는 힘들다는 이야기이다.

　매사추세츠 공과대학 화이트헤드 생의학 연구소의 복제전문 연구원인 루돌프 제니시 박사는, 지금까지의 동물 복제 경험으로 미루어 보아 복제인간이 온전하게 나올 확률은 거의 희박하며 혹 된다면 거의 대부분이 비정상적인 출생으로 나타날 것이라는 것을 자신 있게 예상할 수 있다고 하였다.

그러나 현재는 인간 복제의 가능성을 완전히 확신하고 있다. 다양한 유전공학이나, 생명공학, IT 산업의 발달로 인해, 그 발전 속도는 가속화되고 있으며 2035년경에는 인간복제기술은 가능할 것이라는 예측을 하고 있다. 어쩌면 이미 완성이 되어 있을 수도 있다.

생명공학과 컴퓨터공학의 조우

현시대에 들어와, 이제 인류는 모든 병을 정복하고 노화를 극복하며 장수할 수 있다는 희망적 현실 앞에 서 있다. 인간수명 기본 150년, 아니면 영생불사, 이 얼마나 놀라운 일인가. 인간 게놈 지도가 완성되면서 생명의 모든 신비와 질병, 그리고 노화의 원인까지도 밝혀지고 있다. 그리고 그러한 모든 문제 또한 해결이 가능하다고 한다.

인간 게놈 지도의 모든 정보는 엄지손톱 크기의 DNA칩에 입력된다. 바로 생명공학과 컴퓨터 공학과의 멋진 조우가 되는 것이다. 물론 지금까지도 서로서로 많은 협조와 도움들이 있어 왔지만 이제는 단지 협조와 도움 정도가 아니라 같이 일을 해 나가야 하며 서로에게 없어서는 안 될 귀중한 존재가 된 것이다.

DNA칩이나 나노칩이 몰고 올 변화의 바람은 가히 혁명적이다. 우선 친자 확인을 위해 재판까지 갈 필요가 없으며, 범죄 용의자를 확인하기 위해 며칠씩 기다릴 필요가 없다. 각종 난치병도 쉽게 치료가 될 것이다. 이 칩을 통해 개인의 병력과 장래 발병 가능성까지 진단이 가능하며, 노화까지 조절이 가능해진다. 심지어 DNA칩을 통해 파악한 개인의 건강정보로 고용주가 채용을 거부하거나 보험회사가 보험가입을 거부할 가능성까지 제기되고 있을 정도로 이 칩의 용도는 광범위하다. 생명공학이나 컴퓨터공학 어느 하나라도 현재와 같은 발전의 속도가 없었다면 아마 이러한 일들은 불가능했을 것이다. 조그마한 컴퓨터칩 속에 인간의 게놈 지도가 완벽하게 들어가게 될 것이다.

현재 생체칩은 이미 만들어졌고 아직은 부분적이지만 많은 사람들이 생체칩을 이식하고 있다. 미국 버컬리시 캘리포니아대 연구진은 인간 박막세포를 컴퓨터칩의 미세한 공간에 안치하여 생명을 유지하는 데 성공했고, 사람의 머리카락보다 가는 컴퓨터칩 중앙에 설치된 인간세포는 외부로부터 영양분을 주사 받아 생명을 유지하며, 컴퓨터로 작동하는 칩의 지시대로 활동한다고 하였다. 이 연구의 중요성은 사람 세포의 활동이 컴퓨터 신호에 의하여 통제될 수 있다는 사실과 컴퓨터칩을 통해 세포의 여닫이를 마음대로 조절할 수 있다는 것이다. 이 연구팀의 보리스 루빈스키 교수는 "우리는 생물학 분야에 공학을 도입했다"면서 "이제는 인접한 다른 세포를 귀찮게 하지 않고 해당 세포에 생체칩을 주입하거나 단백질을 추출하며 또는 의약물을 투여할 수 있게 됐다"고 하였다. 생물학과 공학의 놀라운 조우가 이루어진 셈이다. 이러한 조우는 인간의 손에 이미 베리칩이라는 칩이 이식되었으며, 곧 머리에도 이 칩들이 활용될 것임을 의미한다.

이제 복제 기술 수준은 고도로 발달되었다. 유전자와 유전자 결합을 이용한 수많은 복제품들이 서서히 우리 곁에 다가오고 있으며, 생체공학자들은 이러한 복제를 통해 인간의 근본적인 문제들을 해결하는 데 최선의 노력을 다하고 있다. 3D 프린터와 나노 테크놀로지를 통해 인간의 모든 장기들을 복제할 수 있는 시대가 곧 올 것이라 한다. 그러면 뇌를 제외한 모든 장기들이 복제되어, 장기 내 모든 질병은 사라질 것이며 뇌의 문제 또한 뇌에 이식되는 나노칩을 통해 모두 해결 가능해질 것이다.

실제로 웨이크 폴리스터 대학 재생의학계의 거장 안소니 아탈라(Anthony Atala) 교수[18]는 콩팥을 제거한 한 청소년의 콩팥을 3D 프린터로 프린터 해 콩팥을 만들어 이식시켰는데, 이 사람은 후에 레슬링 선수가 되었다. 이미 3D 프린터의 기술로 인간의 콩팥을 프린팅해 이식시키는 데 성공한 것이다. 점차적으로 다른 모든 장기들도 프린팅

---

18)   세계 최초 조직 공학법을 이용해 사람의 방광을 만든 교수이다.

되어 복제되게 될 것이다.

레이 커즈와일은 그의 책『특이점이 온다』에서 다음과 같이 말한다.

> 세대가 다른 유전적 쌍둥이를 만들어 낼 수 있다면 세상은 어떻게 될까? 인간 복제는 잠깐의 논란이 대상이 되겠으나 곧 급속히 받아들여질 것이다. 이제껏 모든 생식 기술이 그랬다. 육체적 복제는 정신적 복제, 즉 개인의 인간성과 기억, 기술, 역사를 자신의 뇌가 아닌 더욱 강력한 다른 기관에서 다운로드하는 그런 복제와는 전혀 다르다. (중략) 세포에서 유기체를 만들어낸다는 복제의 의미를 깊이 되새겨 보면, 복제 기술이 생물학의 여타 혁신들이나 컴퓨터 기술의 혁신과 결합할 때 얼마나 강력한 시너지 효과를 낼지 짐작할 수 있다.

어떤 SF소설에나 나오는 이야기가 아니라, 실제로 2040년, 늦어도 2050년 안에는 이 모든 일들이 가능해질 것으로 미래학자들은 예측하고 있다. 단지 약간의 시간문제일 뿐이다.

폴 뇌플러는 "비용만 감당할 수 있다면, 현재 기술로도 더 나은 아기를 얼마든지 만들 수 있다. 유전자 변형 토마토나 쥐, 원숭이를 만들 때와 같은 방식으로 완전히 새로운 유형의 아기를 설계·생산할 수 있다"고 하였다.[19) 그리고 이와 같은 견해에 대해 대부분의 미래예측학자들, 유전공학자나 생물공학자들이 동의하고 있다.

---

19) 폴 뇌플러, 김보은 역, 『GMO사피엔스의 시대』, 반니, p.22.

현재의 복제 기술은 우리의 상상을 넘어, 그 발전의 속도를 더해 가고 있다. 인간 복제의 시대가 올 것은 모두가 예측할 수 있는 문제다. 이제는 시간문제일 뿐이다.

CHAPTER ❺
세계정부

앞으로의 세계는 개별 국가로서의 국가가 아니라, 세계정부 속에 속한 하나의 주의 성격을 가진 국가로 존재할 것이다. 미래학자 박영숙 교수는 개별 국가의 소멸을 말하면서, 거버넌스 2.0 시대가 도래한다고 하였다.[20]

거버넌스 2.0의 시대란 웹2.0의 2.0[21]과 통치를 뜻하는 거버넌스를 결합하여 나온 용어로 보인다. 이는 더 이상 경계선이 없는 국가의 모습을 나타내는 의미로, 개별 국가의 소멸과 세계정부의 탄생, 그리고 개인이 어디서 태어나더라도 본인이 원하는 국가를 선택할 수 있는 권리 등이 주어지는 그러한 세계를 말한다.

---

20) 박영숙·제롬 글렌, 『세계미래보고서 2055』, 비즈니스북스, 2017, p.224.
21) 웹2.0은 플랫폼으로서의 네트워크이며, 모든 연결된 디바이스를 포괄하는 것이며, 플랫폼에 내재되어 있는 장점을 잘 이용하는 것을 웹2.0 애플리케이션이라고 한다. 웹2.0의 개념은 기존의 웹과 차별화된 새로운 개념으로 정의되지만 이에 대한 활용은 각 분야별로 다양하게 이루어지고 있다. 기존의 웹이 사용자들이 데이터와 서비스를 수동적으로 받는 일방적인 정보 제공의 개념이라면 웹2.0은 참여와 개방을 바탕으로 사용자들이 자유롭게 정보와 네트워크를 활용하는 개념이다(출처: 다음 백과).

　박영숙 교수의 거버넌스 2.0의 세계정부 시대는 비트네이션(Bitnation)[22] 설립을 통해 국가의 모든 정보를 광범위하게 운영할 수 있는 세계화에 중점을 두고, 그 운영체제가 비트네이션으로 될 것이라 예측하고 있다.[23] 그러나 필자가 예측하기로, 세계정부는 비트네이션에 의한 정부 운영체제의 일임으로 인한 개별국가의 폐지가 아니라, 세계정부를 만들고자 하는 일단의 조직들에 의해 이루어질 것으로 본다. 만약 비트네이션으로 인해 개별국가가 폐지되고 세계정부의 시대가 도래된다면, 비트네이션 역시 이들에 의해 운영될 것으로 보인다.

　이미 세계정부를 위한 설계는 마무리되었다. 개별국가의 폐지와 세계정부의 구성을 위한 작업이 오래전부터 진행되어 왔으며, 이제는 그 완성을 눈앞에 두고 있다. 이미 미국은 전 세계인구 개개인의 데이터를 슈퍼컴퓨터에 저장하기 시작했으며, 현존하는 모든 문명이나 과학의 발달이 세계정부를 구성하는 데 아무런 지장이 없도록 길을 놓고 있다. 마하 5 이상의 속력으로 갈 수 있는 운행수단이 개발되고 있는데, 이 운행수단이 개발되면 전 세계가 1일 권에 들어서게 된다. 블록체인을 통한 가상화폐의 등장과 현금이 없어지는 사회는 모두 세계정부를 만들어 가는 도로에 속한다.

---

22)　비트네이션은 2014년 수잔타코프스키 템펠호프에 의해 설립된 기관으로 분권적 조직이며, 카운터파티기술을 통한 비트코인 블록체인 위에 세워진 영리기구이다(출처: 박영숙, 『세계미래보고서, 2055』, 비즈니스북스, 2017, p.224).
23)　박영숙·제롬 글렌, 『세계미래보고서 2055』, 비즈니스북스, 2017, pp.224~230.

이미 각국의 모든 경제는 단일 체제로서의 경제가 아니라, 세계경제 속의 한 경제로 자리 잡은 지 오래다. 한 국가의 경제적 파탄은 한 국가만으로 그치는 것이 아니라, 세계경제에 그 영향을 미치게 된다. 특히 현재 세계통화로서의 기축화폐인 달러는 미국 국가에서 만드는 것이 아니라, 개인 소유인 연방준비은행(FRB: Federal Reserve Bank)에서 만들고 있다. 실제로 연방준비은행 대부분의 지분이 유럽 부호인 로스차일드 가문 소유로 알려지고 있다(약 80%). 그렇기 때문에 세계경제를 움직이는 달러를 임의로 조작한다면, 세계경제는 순식간에 혼란에 빠질 수 있게 된다.

세계정부가 세워지면 통화도 단일화되어야 하는데 이미 세계 단일화폐로서의 기능을 갖출 디지털 화폐가 만들어져 가고 있다. 현재 나타나는 많은 가상화폐들이 모두 통폐합되면서, 세계정부 화폐의 기능을 갖춘 단일 가상화폐가 전면에 나타날 것이며, 현재 사용되는 모든 유통화폐들은 서서히 자취를 감출 것으로 보인다. 그러면 유통화폐의 독점 체제와 경제적 혼란 등의 모든 문제들이 한순간에 사라질 것이다. 대부분의 사람들은 디지털 화폐를 통해 경제활동을 하게 되고, 이미 이식된 마이크로칩에 의해 경제활동뿐 아니라 일상생활을 하게 될 것이다.

세계정부 구성의 모든 어젠다(Agenda)는 프리메이슨, 일루미나티 등의 보이지 않는 세력들에 의해 구상되어 왔으며, 이러한 조직에 로마 가톨릭인 예수회 등이 협력해 세계정부를 만들어 가고 있다. 언어의 단일화, 경제의 단일화, 정치의 단일화, 종교와 문화 등의 단일화를 통해 한 개별 국가로서의 국가가 아니라, 세계 속의 한 국가로서의 국가로 존재하도록 그 틀을 만들어 가고 있다.

표면상 세계정부는 전 인류의 복지와 평화를 위해 만들어진다. 세계 모든 사람의 인권을 존중하고, 가난과 굶주림으로 헐벗은 사회를 없애며, 차별이 없는 사회를 만들고, 세계의 평화와 남녀 모두 평등한 사회를 만들겠다는 명목 등으로 세계정부를 만들어 갈 것으로 보인다. 그리고 잠깐 동안이지만 그렇게 되리라고 본다.

IT 산업의 발전으로 전 세계의 국가와 나라들을 통치할 기반은 이미 다 만들어져 있다. 세계시민으로서의 신분증인 칩 이식도 가능해졌으며, 언어 또한 동시 통역기를 통해 번역되어 소통이 가능해지고 있다. 현금 없는 사회가 점차적으로 만들어지면서, 디지털 화폐의 용도가 급속도로 늘어나고 있다. 중국은 이미 대부분의 화폐들이 사라지고, 신용카드로 대체되고 있다. 현금이 없는 사회를 이미 시행하고 있는 것이다. 우리나라 또한 현물 거래가 거의 사라지고, 카드로 대체되고 있는 실정이며, 많은 나라에서 이미 현금 없는 사회로의 진행을 서두르고 있다. 이러한 현금 없는 사회로의 진입은 세계정부 화폐의 등장을 예고하는 일이다.

우리나라는 불과 수개월 전만 하더라도, 남북문제는 해결될 것 같아 보이지 않았고, 전쟁의 소문들이 아주 무성하였다. 특히 우리 기독교의 건전치 못한 목회자나 성도들의 무분별한 전쟁 계시 남발은,

불신자들의 눈살을 찌푸리게 했다. 필자도 알지 못하는 수많은 기독교인이라 자처하는 사람들에게 이런 종류의 메시지나 카톡을 받곤 하였다. 참 안타까운 일이다. 이런 잘못된 자들의 말들이나 행동으로 인해, 전도의 문은 계속 닫히고 있다. 성경의 가르침을 완전히 왜곡해 가르치는 무리들이며, 그들은 잘못된 거짓 마귀의 영을 받아 이런 짓들을 하는 것이다.

2018년 4월 27일 판문점에서 남북정상회담이 이루어졌다. 이어 동년 6월 12일 세계 최초 북한과 미국의 정상회담이 성사되어, 한반도의 분위기는 급반전, 평화의 분위기가 조성되었고, 각종 기업들은 북한에 대한 경제적 득실에 대한 계산에 분주하다.

필자의 조심스런 예측이지만, 남북 간의 평화 무드는 세계정부를 위한 수순을 따라 진행되고 있지 않는지 생각해 본다. 남북의 평화가 보장된다면, 부산을 기점으로 유럽까지 교통망이 확충될 수 있다. 물론 중국과 소련의 동의가 있어야겠지만 큰 문제없이 동의할 것으로 보인다. 만약 교통수단의 발달로 인해 하이퍼루프(Hyperloop) 같은 초교통수단이 만들어진다면, 유럽에서의 일도 하루이틀 만에 하게 되는 꿈같은 일이 일어날 수 있다. 우리나라를 거점 삼아 전 세계적인 교류가 이루어질 수 있는 세계정부로서의 전초기지가 될 수 있는 것이다.

세계정부의 등장은 어쩜 꿈같은 일들이 이루어지는 새로운 신세계의 등장이 될 수 있다. 성경도 그렇게 예언하고 있다. 물론 이러한 꿈 같은 일은 아주 잠깐이지만 성경도 적그리스도의 도래❺ 세계평화의 등장을 예고한다.[24]

미래예측학자들은 현재의 모든 여건을 고려하여 세계정부 등장을 현실로 받아들이고, 당연시하고 있다. 2040년 안에 이러한 일들이 이루어질 것으로 보인다.

---

24) 요한계시록 6장 1~2절.

CHAPTER ❻
세계화폐

비트코인, 이더리움, 비트코인캐시, 리플, 라이트코인, 대시, 모네로, 이오
스 비트코인골드, 퀀텀, 이더리움 클래식, 제트캐시

위의 이름 중 익숙한 이름도 있을 것이고, 생소한 이름도 있을 것이
다. 가상화폐의 종류 12가지를 순위 순으로 적어 보았다. 현재 전 세
계적으로 통용되는 가상화폐의 수는 1천여 종에 이른다. 그중 비트
코인과 이더리움이 1, 2위를 달리고 있다.

가상화폐란 온라인으로만 거래하는 전자화폐의 하나로, 금전적 가치
를 전자정보로 저장해 사용하는 결제 수단이다. 2017년 현재 우리나라
는 12종류의 가상화폐가 거래소에서 거래되고 있다. 유럽중앙은행
(ECB)은 가상화폐를 '민간 개발자가 발행·통제하며 정부 규제가 없는 화
폐'로 '특정 가상 세계에서 통용되는 전자화폐의 하나'라고 정의했다.[25]

가상화폐 중 시중에 통용되는 화폐는 암호를 사용해 발행, 거래하
는 것으로 암호화화폐라고도 하며 이런 화폐는 발행 주체가 명확하

---

25)   출처: 다음 백과

지 않지만 현실에서 통용이 가능한 화폐로 비트코인과 이더리움 같은 화폐이다. 일반인들이 알고 있는 대부분의 가상화폐는 이 암호화화폐를 말한다. 암호화화폐는 블록체인을 기반으로 하며, 비트코인과 알트코인이 존재한다. 이 중 비트코인이 가장 활발하게 거래되고 있으며, 누구나 만들어 낼 수 있는 화폐로 인터넷상에서만 존재하는 화폐, 즉 가상화폐이다.

우리나라도 가상화폐를 활용하기 위해 한국조폐공사에서는 이미 블록체인 기반 사업을 본격화하고 있다.

블록체인을 기반으로 암호화폐가 우리 사회에 디지털 화폐로서 통용이 된다면, 이 화폐는 전 세계에서 통용되는 화폐가 될 것임에 분명하다. 아직 여러 가지의 과제가 남아 있지만, 세계정부 구성을 위해선 반드시 화폐가 통일되어 전 세계에 어려움 없이 통용되며, 사용될 수 있어야 한다. 현재 통용되는 모든 가상화폐들의 문제점들을 보완할 기술적 완성과 더불어 전 세계에서 보편적으로 사용할 수 있는 디지털 세계화폐가 조만간 나올 것으로 보인다.

디지털 화폐를 통해 모든 경제활동이 이루어지면, 현금 없는 사회가 된다. 현금 없이 모든 사람은 경제활동이나 일상생활을 자연스럽게 할 수 있을 것이다. 수많은 카드로 인해 불편을 겪을 일이 전혀 없어지며, 모든 결제도 순간적으로 이루어져 생활의 편리함을 더하게 될 것이다.

　현재의 가상화폐는 블록체인이라는 보안의 안전장치를 하고 있다지만, 해커 등의 공격을 언제든지 받을 수 있는 가능성을 갖고 있다. 우리나라의 가상화폐 최대 거래소인 빗썸(Bithumb)은 해커 공격을 당해 약 350억의 암호화폐를 탈취당했다(2018년 6월 20일). 그리고 약 1,000종 이상의 가상화폐들이 존재하기 때문에 가상화폐가 세계화폐로 자리 잡기 위해서는 교통정리가 반드시 필요하다. 이러한 가상화폐들을 하나의 화폐로 점차적으로 정리해 세계화폐로서의 기능을 하도록 할 것이다.

　세계정부가 구성되면 인간의 몸에 이식된 칩과 디지털 화폐 간의 정보를 통해 경제활동이 이루어질 것으로 보인다. 이러한 편리함에도 불구하고 빅 데이터를 통한 개인 신상이나 모든 활동이 정부의 컴퓨터에 저장되어 있기 때문에 결국 이 화폐는 모두 정부의 통제로 들어갈 수밖에 없다. 모든 거래가 컴퓨터를 통해 이루어지기 때문에 정부는 개인의 모든 경제활동 내역을 상세히 알 수 있게 된다. 정부로서는 아주 환영할 만한 일이다. 지하자본은 아예 없어질 것이며, 모든 국민에 대한 세금 탈세는 원천적으로 봉쇄가 가능하다. 그렇기 때문에 운영자(정부)에 의해 자칫 이 화폐가 악용될 여지가 있음은 우려할 만한 일이다. 그럼에도 불구하고 편의성이나 경제활동을 위해선 모두가 이 화폐를 상용하게 될 것이며, 여기에 대한 정부 측의 홍보가 많이 이루어질 것이다.

CHAPTER 7
가상현실과
홀로그램

이제 인류는 영화나 소설 속에서나 가능했던 시대로 접어들었다. 현실이 아닌 가상세계 속의 현실 속으로 들어가며, 실재가 아닌 가상세계 속에서 구현된 인물을 통해 대화하고 회의하며 의사소통뿐만 아니라 재테크까지 할 수 있는 가상현실과 홀로그램의 시대이다. 이미 여기에 대한 소설과 영화들이 수십 년 전부터 나와 이러한 시대가 올 것임을 짐작케 하기는 했으나, 막상 우리들 앞에 이러한 일들이 나타나고 이루어져 가고 있음에 놀라움을 금할 수 없다.

가상현실(VR; Virtual Reality)

레이 커즈와일은 2020년 초반에는 가상현실이 대중화될 것이고, 후반에는 가상현실로 재택근무가 가능한 시대가 온다고 예측했다.

이미 가상현실은 우리 앞에 다가와 있으며, 현재의 가상현실은 시각적 효과가 대부분이지만, 앞으로는 인간의 오감을 모두 느낄 수 있는 가상현실이 마련되며, 커즈와일의 말처럼 가상적(Virtual) 일이 현실(Reality)과 똑같은 느낌을 줄 수 있는 기술이 대중화될 것이다. 가상 속에 일어나는 일이 현실처럼 느껴지는 것은 뇌를 착각하도록 만들어 가상을 현실로 인식하게끔 하기 때문이다. 가상현실은 HMD(Head Mounted Display)라는 헤드셋을 착용해 경험할 수 있는데, 이 헤드셋이 우리의 뇌를 착각하도록 해 3D로 사물을 인식하도록 하는 것이다.

현재 우리는 4G 이동통신 시대에 살고 있다. 그러나 가상현실이 대중화되고 일반인들에게 보급되기 위해서는 불안정한 4G 주파수로는 안 된다. 그래서 각 통신사들은 초당 기가바이트(GB) 단위의 데이터를 전송할 수 있는 28㎓의 초고대역 주파수를 소화할 수 있는 5G 이동통신 시설을 마련해야 한다.

5G는 한마디로 더 많은 데이터를 더 빠르게, 지연 없이 처리할 수 있는 차세대 통신 기술이다. 현재 이용하고 있는 4세대 이동 통신인 LTE는 1초당 1GB의 데이터를 처리할 수 있지만 5G는 1초당 최대 20GB 처리가 가능하다. 반응성도 높아진다. 기존 LTE 기반에서는 명령 후 0.01~0.05초의 끊김 현상이 있었지만 5G에서는 이것이 0.001초 이하로 확연히 줄어들게 된다.[26]

우리 정부는 이러한 시대의 변화에 발맞추어 5G 이동통신 시설을

---

26) 허정원, "'3G, 4G, 5G… 입에 익기도 전에 바뀌는 통신서비스, 5G는 얼마나 바뀔길래'", 《중앙일보》, 2018.07.25.

마련키로 하였으며, 올해 6월 15일에 3.5㎓ 대역 280㎒에 대한 이동통신 주파수 경매를 시작하면서 5세대(G) 통신 시장에 대한 문을 열어 놓았다. 차세대 이동통신 수단이 자리 잡게 되면, 가상현실을 통한 다양한 산업이 발전할 수 있으며, 가상현실을 통해 질병 치료에도 좋은 영향을 미칠 수 있다. 이미 가상현실 방법을 활용해 우울증 치료 등이 큰 효과를 보이고 있음이 밝혀졌다. 이러한 가상현실은 게임, 영화, 교육, 의료, 온라인쇼핑, 아파트 모델하우스 등 다양한 분야에 적용되어 사용될 수 있다. 가상이지만 실제로 느끼는 것은 현실로 느끼기 때문에, 가상현실이 적용되어진 모든 분야에서의 가상적 현실을 통해 실재 사실을 모두 알 수 있게 된다.

커즈와일에 의하면 2020년대가 되면 완전 몰입형 가상현실이 등장하며, 2020년대 말쯤에는, 가상현실과 진짜 현실을 구분하기 힘들 정도의 정교한 가상현실사회가 오면서, 2030년대는 인간과 기계, 현실과 가상현상, 일과 놀이 사이의 아무런 경계가 없을 것이라 하였다. 만약 이렇게 된다면, 가상현실은 가상이 아니라 실재가 되어 버릴 것이다.

기독교계에서는 가상현실을 신앙과 접목한 현실로 만들어 가상현실을 통한 찬양이나, 예배, 그리고 성경공부 등의 일들이 실제로 하는 것과 같은 느낌으로 신앙생활을 유도할지도 모르겠다. 교회에 오기 힘든 성도들에게 가상현실 속에서라도, 하나님과의 만남을 유도하는 일이 생길 수 있음도 충분히 예측 가능한 일이다. 이러한 환경이라면 우리 기독교뿐만 아니라 모든 종교계에서도 이 가상 현실적 신앙을 도입·시도할 수도 있으며, 우리 기독교보다 다른 종교에서 먼저 도입할 수도 있을 것이다.

각종 장애우들은 가상현실 속에서 정상인으로의 활동이 가능하며, 가정을 꾸리지 못한 사람은 가정을 꾸릴 수도 있고, 자녀를 갖지 못하는 사람들은 자녀 또한 가질 수 있으며, 인간적 모든 욕망과 욕심이 가상현실 속에서는 모두 가능해질 것이다. 가상현실 속에서의 삶이 실제 삶이 되어 버리게 된다.

뇌 과학과 생명공학, IT 산업의 발달로 인간의 뇌에 대한 신비를 밝히면서, 칩을 통해 뇌에 저장된 모든 기억들을 읽어 낼 수 있고, 밝혀낼 수 있다면, 가상현실을 이용한 자신의 모든 과거와 현재의 일들을 가상현실 속에서 그대로 끄집어 내 잘못된 기억들은 제거해 버리고, 좋은 기억들만 남게 만드는 일들도 가능해질 것이다.

실제로 이런 가상현실이 우리 생활 전반에 깊이 들어오게 되면, 이점도 많겠지만 부작용도 심각해질 것이다. 이러한 심각한 부작용을 알면서도 인간은 가상현실 속의 현실을 즐기며 살 것이다. 실현하기 힘든 인간의 욕구를 채워 줄 수 있기 때문이다. 심각해질 경우, 가상현실 중독증에 걸려 현실적 삶을 외면하며, 가상세계 속의 현실만을 현실로 인정하는 문제가 충분히 발생할 수 있다. 실제를 도피하고 가상을 현실로 받아들이면서, 고립과 현실 사회 부적응 등의 일이 일어날 것이며, 가상현실의 기술 정도에 따라 인간의 생명에도 영향을 미칠 만한 치명적 일들이 일어날 가능성도 배제할 수 없다.

홀로그램

홀로그램(Hologram)이란 빛의 간섭성을 이용해 입체 정보를 기록·재생하는 기술로 어떠한 각도에서든 완전한 3D 영상을 감상할 수 있는 것이 특징이다. 이는 우리가 VR을 통해 만드는 가상적 이미지가 아니라, 실제적 이미지로서, 1948년 영국의 물리학자 데니스 가보르(Dennis Gabor)가 발견한 원리이다.[27]

홀로그램은 스크린 없이 사람을 구현해 내는 데 성공했고, 빈 공간에서 표시영상 신호를 광 신호로 변환시킨 후 빔을 눈의 망막에 투사시키는 가상 망막 디스플레이(Virtual Retinal Display)를 만들어 그 영상을 볼 수 있도록 했다.

홀로그램의 놀라운 발전은 우리 생활에 밀접한 대부분의 영역에 파고들 전망이다. 특히 교육이나 회의, 그리고 정치, 경제 사회, 국방, 예술, 공연, 의료, 종교 분야 등으로 확산되어 홀로그램의 영상이 활용

---

27) 출처: 위키 백과

될 것이다. 이미 영화를 통해 홀로그램에 대한 많은 지식을 우리는 갖고 있다. 영화에 등장하는 홀로그램의 시대에 우리도 들어온 것이다. 홀로그램의 발전이 가속화되면, 학생은 학교에 가지 않고 집에서 전 세계의 석학들의 유명 강의를, 직접 눈으로 보면서 들을 수 있고 대화도 하게 된다. 수많은 회의들도 홀로그램을 통해 진행되며, 각종 지시나 중요한 업무들도 홀로그램을 통해 쉽게 해결할 수 있을 것이다. 종교계 역시 이 홀로그램을 활용해 다양한 종교 행사나 종교 교육을 할 수 있을 것이며, 홀로그램을 통한 각종 의식(儀式)을 진행할 수도 있을 것이다.

정치인들의 연설이나, 대통령의 연설 등도 TV가 아니라, 홀로그램을 통해 시청이 가능하며, 각종 상품의 선전이나 판매도 홀로그램을 통해 가능해진다. 홀로그램화할 영상을 미연에 만들어 후손들에게 현실처럼 보여 주는 것도 가능해진다.

아직 홀로그램은 대중과의 매치는 많이 이루어지고 있지는 않으나, 2020년이 넘어가면, 홀로그램의 문화도 조금씩 보편화될 것으로 보인다. 스마트폰을 이용한 홀로그램의 활용도 이루어질 것이며 통신기술의 발달로 인해 어디서든지 스마트폰을 사용할 수 있는 사람은 홀로그램 사용이 가능할 것이다.

이제 우리들의 세계는 가상현실이나 홀로그램 등의 실현이 꿈의 일이 아니라 실제의 일이다. 여러 많은 부작용도 있겠지만, 결국 우리

사회 내의 한 문화로 자리 잡게 될 것이며 이를 통한 다양한 사회활동을 하게 될 것이다.

CHAPTER 8
사물인터넷
(IoT)

사물인터넷(IoT; Internet of Things)이란 사물과 사물, 사물과 사람 간에 인터넷 망이나, 칩을 이용해 서로 연결되어 있는 것을 말하는데, 처음엔 사물과 사물 간의 인터넷 연결이라 하여 사물인터넷이라 하였으나, 사람의 몸에 칩을 이식하는 인간 컴퓨터 시대에 들어서면서, 사물과 사람 간의 연결고리도 생겼다. 요즘은 사물인터넷보다 만물인터넷(Internet of All Things)이라 부르기도 한다. 영어로는 줄여 IoT라 하는데 이는 아마 대부분의 사람들에게 익숙한 용어일 것이다.

사물인터넷 사용 역시 미래학자인 레이 커즈와일에 의해 이미 예측된 일이다. 레이 커즈와일은 1980년대에 3D 프린터와 인터넷 시대를 예측했으며, 그의 예측 147개 중 127개를 맞춘 미래학자이다. 제2의 에디슨으로도 불리는 커즈와일은 스캐너, 책을 읽어주는 기계, 애플 아이폰의 음성인식기 등을 개발하였고. 특히 음악인들에게 잘 알려진 '커즈와일'이라는 신디사이저도 발명한 사람이다.

지칠 줄 모르는 천재, 제2의 에디슨, 궁극의 사고기계라 불리기도 하는 커즈와일은, 미국공영방송인 PBS(Public Broadcasting Service)에 의해 미국 16명의 혁신가 중 한 사람으로 선정됐으며, 미국의 발명가 명예의 전당에 등재된 사람으로 13개의 명예박사 학위와 미국 기술 훈장 상을 받기도 했다. 사물인터넷도 이미 오래전 그가 예견한 것으로 2010년 초반에는 컴퓨터가 사물에 심어지고, 무선통신을 이용한 증강 현실이 이루어진다고 하였다.

커즈와일의 예측대로 현재의 세상은 IoT의 세상이다. 현재 지어지고 있는 대부분의 아파트는 IoT를 도입해 유비쿼터스(Ubiquitous) 아파트로 지어지고 있다. 이는 사람이 집에 없어도 무선 통신망과 칩을 통해, 컴퓨터로 집 안에 있는 사물과 연결, 여러 장치들을 사용할 수 있게 하는 것이다. 이와 같이 사물 인터넷의 용도는 이미 다양해지고 있다.

모든 사물, 심지어는 마이크로칩을 통해 사람까지 인터넷에 연결되어 사물과 사물뿐만 아니라, 사물과 사람 간의 연결도 가능해지고 있는 실정이다. 흔히 볼 수 있는 시설로는 스마트 홈 시설로, 모든 가전제품을 하나의 통신망으로 연결해 관리하는 것이다. 냉장고 온도 조절, 밥시간 조절, 냉·난방 조절 등 각종 가전제품의 조절이 밖에서 가능한 시설이다. 가정 내 스마트 홈 시설뿐만 아니라, 자동차의 개폐, 반려견의 추적 장치, 무인 자동차의 운행 등. 이 모두가 사물인터넷의 산물들이다.

이제 나노칩이 개발되면서, 사물인터넷은 사람에게 적용되어 나노 사물 인터넷 시대로의 문을 열었다. 나노칩을 사람에게 이식해 서로 정보를 주고받으면서, 사람의 질병을 파악해 그 질병을 치료하는 기술이 활용되고 있다.

앞으로의 세계가 모든 것이 컴퓨터로 연결되는 만물 인터넷의 시대로 들어서는 것은 필연적이다. 이미 모든 사람들이 여기에 순응하도록 환경이 조성되었으며, 컴퓨터 없이는 아무것도 할 수 없는 시대에 들어선 것이다. 사람들은 이러한 시대를 환영하며 반길 것이고, 생활의 편리함이나 이로움은 우리의 상상을 넘어선다. 사물인터넷 시대는 다르게 말하면 칩의 시대와도 같은 것이다. 사람이든, 짐승이든, 사물이든 이 모든 것에 컴퓨터칩을 넣어 서로 간에 있어 정보를 주고받게 되고 더 나아가서 다양한 정보들을 얻을 수도 있게 된다. 이러한 사회를 바꿀 수 있는 다른 수단은 존재하지 않으며, 모든 인간들은 본인의 의사와 상관없이 이러한 사회에 적응해 살아야 한다. 그리고 우리는 이미 이러한 시대에 길들여져 있다.

CHAPTER 9
인공지능

4차 산업의 핵심 기술 중 하나는 인공지능(AI: Artificial Intelligence)이다. 인공지능에 대한 일반인들의 관심은 2014년 3월 9일 이세돌 9단과 알파고의 바둑대결에서 시작됐다. 대부분의 바둑 전문가들은 이세돌 9단의 압승을 예상했다. 그러나 전문가들의 예상을 뒤엎고 알파고가 4:1로 완승했다.

알파고에 앞서 파리대학교 연구자들이 개발한 '모고'라는 프로그램과 '크레이지 스톤'이라는 프로그램들이 바둑기사들을 이긴 경우가 있긴 하나, 이 경우는 축소된 바둑판이나, 접바둑의 결과였다. 그러나 이세돌 9단과 경기를 한 알파고는 앞선 알고리즘에 딥러닝(Deep Learning)이라는 알고리즘을 더해 만들어졌다. 이는 기계 스스로가 학습할 수 있는 '정책망'과 '가치망'이라는 2개의 기본 신경망을 연결시켜 스스로가 예측할 수 있는 기술을 더함으로써 약 3천만 개의 정보를 입력, 반복하는 훈련을 할 수 있게 한 것이다.

이세돌 9단과의 바둑 대결에 앞서 수천만 번의 경우의 수를 반복 학습함으로써, 스스로가 모든 수를 예측할 수 있도록 만들어졌다. 이렇게 만들어진 알파고는 모든 전문가들의 예상을 뒤엎고 완승을 거두었다. 그러자 바둑계뿐 아니라, 전 세계가 놀라움을 금치 못하면서, 인공지능에 대한 찬사와 아울러, 인공지능의 발달에 대한 경계의 목소리도 높이게 되었다.

2018년 3월 14일 타계한 스티븐 호킹 박사는 미래에 대해 7가지 예측[28]을 해 화제가 되기도 했다. 그중 하나가 인공지능에 대한 경고였다. 그의 6번째 예측이 인공지능에 대한 경고로, 인공지능은 의지 없이 살인을 저지를 수 있다고 했다.

인공지능이란 말 그대로, 인공으로 만든 지능을 말한다. 원래 지능은 인간만이 갖고 있는 것으로, 스스로 사고하거나 학습할 수 있는 능력을 의미하는데, 인공지능은 인간이 만든 프로그램 등을 컴퓨터 스스로가 사고하고 학습할 수 있도록 만들어진 것이다. 이러한 인공지능은 인간에게 도움을 주기 위해 만들어져, 대부분이 자의식이 없는 인공지능으로 개발되고 있으나, 호킹 박사의 경고에 의하면 자의식 있는 지능으로 발전해, 인류에 도전이 될 수 있다는 것이다. 이런 호킹 박사의 예측에 대해 대부분의 관계자들은 동의하고 있는 현실이다.

다보스 포럼으로 더 잘 알려진 2016년 세계경제포럼(WEF; World

---

28) 그가 말한 7가지의 예측은 다음과 같다. 1. 100년 이내에 인류가 멸망할 것이다. 2. 지구는 외계인에게 침략당할 수 있다. 3. 블랙홀은 다른 우주로 연결되어 있을 수 있다. 4. 슈퍼 지구에 생명체 존재 가능성이 있다. 5. 세계정부를 수립해야 한다. 6. AI는 의지 없이 살인을 저지를 수 있다. 7. 대형 강입자 충돌 실험을 계속하면 우주가 붕괴될 수 있다.

Economy Forum) 이후 인공지능혁명에 대한 세계적 관심과 각국의 관심이 더 높아지고 있다. 세계적 미래학자이며 다빈치 연구소 소장인 토마스 프레이는 2030년경 약 20억 개의 직업이 인공지능의 발달로 인해 없어질 것이라 하였다. 물론 대체 직업이 생기긴 해도, 사라지는 직업에 비해 턱없이 부족하다. 이러한 사실에 직면해 각국은 4차 산업의 핵심인 인공지능을 적극적으로 활용하면서도, 이에 대한 경계를 늦추지 않고 연구에 몰두하고 있다.

이민화 벤처기업 협회 명예회장은 우리나라도 인공지능 대응에 당장 착수해야 한다면서, 5대 국가 전략 방안을 제시했다. 첫째, 인공지능 활용 기업들은 애플의 시리 혹은 IBM의 왓슨 등을 활용한 비즈니스 모델 혁신에 즉각 돌입해야 한다. 둘째, 국내 인공지능 개발 업체들은 구글의 Tensor Flow 등의 오픈 소스를 적극 활용하는 전략에 착수해야 한다. 셋째, 국가 차원에서 인공지능의 핵심인 빅 데이터 확보 전략이 필요하다. 넷째, 규제 개혁 차원에서 개인 정보 보호의 전향적 혁신이 필요하다. 다섯째, 인공지능이 초래하는 사회적 충격을 대비할 미래 가치관과 법, 제도의 심층 논의가 필요하다.[29]

이미 우리 생활 전반에는 사물인터넷이 들어와 있으며, 이 사물인터넷은 인공지능과 연결되어 더욱더 우리 생활에 밀착된 형태로 들어오게 될 것이다. 그리고 인공지능이 관여하지 않는 영역이 거의 없을

---

29) 이민화, [이민화 칼럼] 인공지능과 4차 산업혁명, 《이투데이》, 2016.02.22.

정도로 우리 생활에 미치는 효과는 크게 될 것이다. 인공지능을 활용할 수 있는 영역은 거의 무한하다. 이제 인공지능 개발에 그 속도가 붙었기 때문에, 인공지능은 더욱더 발전되어 결국 사람 이상의 인공지능이 탄생할 가능성도 배제할 수 없다. 스티븐 호킹은 이 점을 염려한 것이다.

만약 사람보다 더 뛰어난 인공지능이 개발되거나, 그러한 인공지능이 나오게 된다면, 우리의 미래는 예측할 수 없는 미래가 될 것이며, 판타지 소설이나, 영화에서나 볼 수 있는 기계와 인간 간의 무서운 전쟁도 일어날 가능성도 열어 두어야 한다. 2040년이 넘어서면 인공지능은 인간의 지능을 뛰어 넘게 되며, 인간이 가지고 있는 오감도 가지게 될 것이라는 예측이 나오고 있다. 기계인간, 인공지능인간이 나오게 되는 것이다. 현재는 인공지능 스스로가 학습해, 다른 인공지능을 가르칠 수 있는 단계까지 와 있다. 인류를 위해 좋은 방향으로 사용된다면 한없이 도움이 될 수 있겠지만, 자칫 잘못 사용되거나 인간에 대한 악의를 갖게 된다면 이는 심각한 문제가 된다. 이런 사실을 염두에 두고 스티븐 호킹 박사는 이러한 인공지능을 효과적으로 다루기 위해, 세계정부 구성의 필요성을 역설한 바 있다.

모든 피조세계에는 한계라는 것이 존재한다. 그 한계를 넘어서면 죽거나, 아니면 우리가 상상할 수 없는 일이 일어난다는 것은 대부분이 알고 있다. 인공지능도 한계가 있다. 그래서 인공지능을 연구하는 학자들이 고심하는 것이다. 그 한계란 일정한 지식이 극에 차게 되면,

인공지능 스스로도 제어할 수 없는 영역으로 들어갈 수 있다는 것이다. 한계 이후 인공지능에 대한 예측은 누구도 할 수 없기 때문에, 이에 대한 경계와 경고의 목소리를 높이는 것이다.

인공지능의 지식이 한계에 이르러 그 이상이 되면, 인간에 대한 태도가 달라질 것이고, 아직은 영화에서나 볼 수 있는 일이지만, 실제로 인공지능이 인간을 바이러스로 생각할 수도 있다. 이 지구를 파괴하고 오염시키는 그러한 바이러스로 착각해 인간을 멸종시키려는 일이 일어날 수도 있을 것이다. 스티븐 호킹의 예측에 의하면 인공지능의 지식이 한계치를 넘어 그런지는 알 수 없지만, 2100년이 되면 인류가 멸족당할 것이라는 무서운 예측을 하고 죽었다.

4차 산업의 인공지능 시대, 유전자 결합 시대, 바이오칩 시대 등의 발전은, 인류의 미래에 대한 무수한 장밋빛 예측을 가져다주지만, 역으로 인간의 정체성을 무너뜨리는 무서운 결과도 예상할 수 있다. 정상적인 부모로부터 태어난 인간, 유전자 결합으로 태어난 인간, 유전자복제 인간, 합성 인간, 인공지능 인간, 사이보그 인간 등 다양한 인종들이 섞여 살아가는 시대가 올 것이다.

인공지능은 빅 데이터를 이용해 모든 사람의 행동을 미리 예측할 수 있다. 이미 여러 유통업체들은 인공지능을 이용하여 고객들의 성향을 빅 데이터로 분석하고 고객에게 필요한 다양한 내용들을 서비스하고 있다.

예전에 인터넷 쇼핑을 통해 물건을 사면, 이상하게 핸드폰으로 내가 필요한 물건에 대한 연락이 메시지로 오거나, 아니면 쇼핑 홈페이지에 접속하면 내가 사고 싶은 내용들에 대한 안내가 미리 나오곤 했다. 모를 땐 참 이상하기도 했고, 어떻게 내가 사고 싶어 하는 물건들을 판매자들이 알고 있는지 신기하기도 했는데, 인공지능을 이용한 빅 데이터의 분석을 통해, 나의 소비 성향을 파악해 그렇게 한 것이라는 사실을 알고 나선, 참 무서운 세상이라는 생각이 들었다.

이미 인공지능을 통해 각 개인의 취미나 성향들이 빅 데이터로 저장되어 있고, 이것은 개인에게 유익한 정보들을 주기도 한다. 그러나 개인들의 모든 사생활들이 심각하게 침해당하는 무서운 일도 일어나고 있다. 아무리 자신의 사생활을 숨기려 해도 그렇게 할 수 없다. 이미 우리의 모든 행동은 순간순간 촬영되고 있으며, 모든 데이터들이 본인도 알지 못하는 순간 인터넷이나 정보회사들의 손에서 놀아나고 있다. 하루 300번 이상 CCTV를 통해 우리의 행동들이 추적당하고 있고, 습관처럼 사용하는 핸드폰의 사용 위치들이 그대로 전송되어, 우리의 모든 사생활을 보호한다는 것은 불가능해졌다.

인공지능을 이용한 드론은 다양한 운송수단 역할을 할 뿐만 아니라 모든 것을 감시하는 기능을 하게 될 것으로 보인다. 정부가 드론을 악의의 목적으로 이용하고자 한다면, 우리는 이를 막을 수 없을 것이다. 이미 우리 몸에 이식된 유전자칩을 통해, 컴퓨터 간의 정보 전달이 가능한 시대가 온다면 드론의 추적을 절대 피하지 못하게 된다.

인공지능의 발달이 우리 인간들에게는 아주 편리하고 안락한 삶을 줄 수 있음에는 틀림없다. 현재 그렇게 사용되고 있기 때문이다. 그래서 대부분의 사람들이 당장의 평안과 안락함 때문에 환영하고 받아들일지 모르겠다. 그러나 문제는 현재가 아니라 앞으로의 삶이다. 반드시 인공지능에 대해 대비하고 충분한 준비를 해 두어야 한다. 그렇지 않으면, 인류는 심각한 위기를 맞게 될 것이다.

반드시 우리가 상상할 수 없는 놀라운 평화와 안정의 시대가 온다. 모든 4차 산업의 발달들이 이러한 일들을 예측 가능하게 하고 있다. 그러나 성경은 이러한 세상이 와서 세상 사람들이나 그리스도인들이 세상의 평안에 취해 지낼 그때 하나님의 심판으로 환난에 직면하게 되며 환난 후 그리스도의 재림을 보게 될 것이라고 경고한다.

CHAPTER ⑩
질병정복

필자의 아버님과 누님은 암으로 돌아가셨다. 암은 현재의 의술로 완치할 수 없는 무서운 병임에 틀림없다. 주위에서 암으로 돌아가신 분들의 이야기를 많이 접하곤 한다. 대부분이 암 보험 한 개 정도는 넣어 두고 암에 대한 준비를 하고 있다. 암뿐만 아니라, 현재의 의학으로 고치지 못하는 질병들이 많이 있다. 그러나 이러한 질병들 대부분이 점령당하는 시기가 얼마 남지 않았다.

인간 게놈 혁명을 통해 유전자 지도가 만들어지고 2025년이 넘어가면 이 유전자들이 갖고 있는 모든 정보를 해독하여 각각의 유전자들이 어떤 역할을 하는지에 대한 정확한 내용이 밝혀지게 될 것이다. 그러면 그 정보를 통해 인간의 모든 질병에 대한 치료 방안도 마련할 것이다. 약하고 병을 가져오는 유전자들, 돌연변이의 유전자들은 유전자 가위로 편집해 건강한 유전자로 대치할 것이다.

인간 질병의 이유와 그에 대한 치료 노력은 인류 역사 이후 계속 진행되어 왔으나, 지금까지도 모두 밝혀내지 못한 인류 최대 과제 중의 하나였다. 그러나 4차 산업혁명이 진행되면서, IT 공학, 인공지능, 유전자 공학 등의 발달이 서로 공유되면서 인간 질병의 원인들이 속속 밝혀지고 있으며, 그에 대한 치료 방법도 빠른 속도로 개발되고 있다. 무어의 법칙을 따르고 있는 것이다.

현재의 속도로 가면, 2030년이 넘어서면 거의 대부분의 질병들이 정복될 것으로 보인다. 특별한 사고로 죽지 않으면 대부분의 질병이 치료되어 100세 이상의 고령자들이 기하급수적으로 늘어나게 될 것이다. 비록 사고로 죽었다 하더라도, 그의 뇌를 다시 복원하는 기술이 발전해 그 사람을 다시 살릴 수 있다고 커즈와일은 예측하고 있다.

유전자 치료법이 개발되면 처음엔 돈이 있는 일부의 사람들에게 적용되다 점차 보편화되어 대부분의 사람들에게도 적용될 것이다. 유전자 복제를 통한 인간 장기의 대체도 이루어질 것으로 보인다. 배아세포로부터 추출한 완전하고도 건강한 유전자들의 복제를 통해 인간의 장기들도 복제되어, 약한 장기를 제거하고 복제된 건강한 장기들로 대체될 것이다. 장기에서 발생해 치료가 힘든 모든 질병들은 이 새로운 장기로의 교체를 통해 치료될 것이다.

특히 유전자 치료와 더불어 나노 테크놀로지의 발달로, 나노칩이 인간 내부로 들어가 수많은 질병에 대한 정보를 전송, 혹은 치료들을 담당케 될 것으로 보인다. 현재 이 기술은 시행되고 있는 상태이며 2045년 안에 사람의 피를 대체할 수 있는 기술까지 개발 가능하다고 한다.

아이큐 165인 미국의 천재 과학자 레이 커즈와일은 2045년을 '특이점의 해'라 하면서, 이때는 인류의 질병뿐만 아니라 IT 산업과 결부된 뇌과학의 발달로, 인간의 뇌에 칩을 심어, 뇌를 영원히 살 수 있도록 해 인간의 영생불사가 이루어진다는 좀 황당한 예측을 하고 있다. 인간을 컴퓨터처럼 만들어, 뇌에 이식한 칩 안에 모든 기억을 저장하고 그 기억이 사라지지 않도록 해 인간의 영생불사를 가져온다는 것이다.

뇌로부터 각종 정보들을 업·다운로드할 수 있도록 해, 사람이면서 완전히 컴퓨터와 같이 된다는 것인데, 현재의 기술이 가속화되면 2045년 안에 이 일이 이루어진다는 것이다. 그의 예측이 85% 이상의 정확성을 갖고 있음을 비추어 볼 때 아주 불가능한 일은 아닌 것으로 보인다. 그리고 실제 이런 일들을 위한 연구가 진행되고 있기 때문에 꼭 2045년은 아니더라도 미래의 그 언젠가는 반드시 이 일이 가능해질 것이다.

162년 전에 사망한 것으로 알려진 존 토링톤이라는 북극 탐험가가 다시 부활했다는 소식이 알려져 한때는 그 진위 여부를 놓고 설전이 많이 오고 갔다. 1845년 북국을 탐험하던 그는 얼음 무덤 속에서 1983년 발견되었는데, 그 시체가 당시의 모습 그대로 완벽히 보존되어 있었다. 과학자들은 냉동인간 존 토링톤을 독일의 리히터 박사와 그 동료들이 부활시켰다는 소문이 있으나, 그 진위는 알려지지 않고 있다. 그러나 이러한 사실을 접한 일부의 불치병을 앓고 있는 사람들은 냉동상태로 보관된 뒤 병을 고칠 수 있는 의학이 발전하면 다시 부활되어 병을 치료하려는 시도를 하고 있다.

　러시아의 인체 냉동 보존 회사 크리오러스(KrioRus)는 50여 년 전에 캡슐에 들어간 사이클로프스가 2018년 6월 초 소생 절차를 밟는다고 밝혔으나, 그에 대한 발표는 아직까지 없다. 이 회사 대변인 아레스에 따르면, 분자와 원자 수준까지 신체를 조작하는 나노 기술을 이용해 뇌세포를 조작해 기억을 되살렸고, 신체 조직도 완벽하게 유지되어 혈액을 주입하는 절차만 남았다고 한다. 많은 과학자들이 이 일에 대해 아직은 회의적인 반응을 보이고 있으나, 실현 불가능한 일로 단정하진 않고 있다.

　미국 경제전문방송인 CNBC는 2018년 06월 26일(현지시간) 인터넷 판 기사에서 사후(死後) 인체 냉동 보존을 거쳐 생명 연장을 희구하는 사람들과 이들을 상대로 한 사업을 다뤘다.

　방송에 의하면 현재 미국에는 인체 냉동 보존 서비스 조직인 '알코르 생명 연장 재단'이 있으며, 1972년 에프엠 에판디어리라는 과학자가 만들었다. 그는 2030년경 냉동 보존술이 성공할 것이라 믿으며 이름을 'FM 2030'이라고까지 바꾸었다고 한다.

　그러나 그는 2000년, 암으로 세상을 떠나 지금은 냉동 캡슐 속에 들어 있는 상태다. 2015년 현재 이곳 냉동탱크 안은 영하 190도로 냉동된 인간들과 그들의 두뇌가 보존되어 있다. 1972년 창립자 프레드릭 챔벌라인의 아버지를 냉동시킨 이래로 계약을 맺은 회원은 총 1,040명이고, 현재 139명의 냉동인간이 보관돼 있다. 과학자들은 젊음의 샘은 존재하며, 그 비밀은 머지않아 풀릴 것이라고 확신하고 있다.

비록 냉동기술이 2030년대에 성공하진 않는다 하더라도, 2040년이 넘어서면 냉동기술의 필요 없이 유전자 조작이나, 나노공학의 발달로, 인간의 질병이나 수명은 자연히 연장될 것으로 보고 있으며, 현재 에판디어는 죽어 냉동 캡슐 상태로 있으나, 어쩌면 그의 세포조직을 이용해 새로운 인간으로 만들어질 수 있을지도 모르겠다.

아주 추운 겨울 냉동 상태로 있는 붕어를 잡아다, 미지근한 물속에 넣어 두면 죽은 줄만 알았던 붕어가 다시 살아난다는 이야기를 들은 적이 여러 번 있고, 실제로 그 사실을 경험한 사람의 이야기도 들었다. 산 채로 수 시간 동안 꽁꽁 얼어 있는 붕어를 미지근한 물속에 넣어 두면 그 붕어는 다시 살아난다. 이는 이제 대부분이 알고 있는 사실이다. 비록 수 시간이지만 인간의 수명으로 계산하면 붕어로서는 수년 혹은 수십 년이 될 수 있다. 인간을 급냉시켜 인간을 다시 살릴 수 있는 기술이 어쩜 가능하다는 예측도 붕어의 예를 보아 충분히 가능한 일로 보인다.

2018년 6월 28일 KBS 〈6시 내 고향〉을 보면, 약 4개월 전 급냉시켜 보관한 냉동 볼락을 다시 물에 넣었을 때 살아나, 회로 먹는 모습이 나온다. 4개월이나 냉동된 상태로 있다 다시 살아난 것이다.

서울신문사의 《나우뉴스》에서 지금으로부터 무려 4만 2000년 전에 살았던 생물이 현실에서 되살아나는 놀라운 연구결과가 올해 7월에 보고됐다는 보도를 했다. 2018년 8월 27일(현지시간) 미국《폭스뉴스》등 해외언론은 수만 년 동안 얼어 있던 두 마리의 선충류가 살아나 움직이기 시작했다고 보도했다. 이 선충 중 한 마리는 2015년 알라제야 강 인근 땅 속에서 발굴된 것으로 매머드의 생존연대와 같은 약 4만 1,700년 전 것으로 추정됐다. 다른 한 마리는 약 3만 2000년 전의 것으로 추정됐다.[30]

인간 질병 정복의 이야기는 이제 먼 미래의 이야기가 아니라, 현재 우리들의 시대에 가능해지는, 그리고 실현되고 있는 일이다. 수많은 과학자들이 현재 가능한 모든 수단을 동원해, 이 문제 해결을 위해 필사적으로 노력하고 있으며, 여기에 대한 놀라운 발표들이 계속해서 나오고 있다.

---

30) 박종익, '[와우! 과학] 냉동된 4만 2000년 전 선충, 해동 후 살아났다', 《나우뉴스》, 2018.07.28.

CHAPTER 11
생명조절능력

앞에서 인간의 노화를 결정하는 유전자는 텔로미어 (Telomere)라고 간단히 밝힌 바 있다. 이 텔로미어는 인간의 세포 속에 있는 염색체 끝에서 DNA를 보호하는 역할을 한다. 그리스어로 '끝'을 의미하는 텔로스(Telos)와 '부위'를 의미하는 메로스(Meros)의 합성어로서, 텔로미어의 길이에 따라 노화가 진행되는데, 나이가 들수록 이 텔로미어의 길이가 짧아진다는 사실을 과학자들이 밝혀내었다. 그렇기 때문에 이미 개발된 유전자 가위를 통해 이 텔로미어의 길이 편집이 가능하다면, 인간의 노화는 멈출 수 있게 된다는 것이다.

《사이언스》지와 《네이처》지에서는 2015년 최고의 기술로 유전자 편집기술을 꼽았다. 유전자 편집기술은 너무 쉽기 때문에 누구나 배우기만 하면 스스로도 유전자 편집이 가능하며, 비용도 얼마 들지 않는다고 한다. 《사이언스》지 2016년 11월 3일 자 내용에 의하면, 아주 우둔한 사람이라도 유전자가 조작된 쥐를 만들 수도 있다고 하였다.

만약 우리 인간이 스스로 유전자를 편집하는 기술을 갖게 된다면, 인간의 노화를 결정하는 텔로미어의 편집으로 자신의 생명을 마음대로 조절하게 될 것이다.

텔로미어의 길이에 의해 노화 현상을 밝힌 사람은, 2009년 노벨 생리의학상을 받은 엘리자베스 블랙번(Elizabeth Blackburn)이다. 100조 개 이상의 세포로 이루어져 있는 인간 몸의 세포에는 세포핵이 있고, 이 세포핵 내에 염색체가 존재하는데, 이 염색체는 나이가 들수록 분열하면서 텔로미어는 길이가 짧아져 간다는 사실을 밝혀내었다. 결국 텔로미어가 한계치 이하로 짧아지면 세포는 분열을 멈추고 인간은 노화하며 결국은 사망하게 된다. 결국 인간 수명의 길이는 이 텔로미어의 길이에 달려 있다.

텔로미어의 길이에 따라 각종 질병도 쉽게 나타나고, 건강한 사람의 텔로미어의 길이가 길며, 병든 사람의 텔로미어 길이는 짧다는 사실도 알아내었다. 텔로미어의 길이는 각종 스트레스나 수면 부족 등으로 인해 체내 활성 산소가 많아지면 점점 짧아지게 되며, 운동이나 소식 등 건강관리를 잘하는 사람의 텔로미어는 빨리 짧아지지 않게 된다.

현재 세계 최고의 과학자들을 대상으로 상금 약 12억 원이 걸린 노화의 비밀코드를 풀기 위한 프로젝트가 진행 중이며 그 기한은 2019년 말로 예정되어 있다고 한다. 이 프로젝트 창설자 윤준은 "노화는 막을 수 없다는 것이 통념이지만, 1800년대부터 일부 생물학자들은 노화가 특정한 질병일 수도 있다는 생각을 해 왔다. 노화가 진행되는 것이 정해진 프로그램이라면 과정이 있고 암호가 있을 테니 프로그램은 재설치할 수 있고 암호는 풀 수 있다. 즉, 노화를 하나의 프로그

램으로 본다면 노화 과정을 바꿀 수 있을 가능성이 매우 크다"고 말
하였다.

이제 많은 과학자들이 노화를 인간이 겪는 자연적인 현상이 아니
라, 일종의 질병으로 보기 시작했고, 이 노화라는 질병치료가 가능하
다면, 인간의 노화는 막을 수 있다고 보고 있다. 이미 쥐의 실험을 통
해 쥐의 생명을 연장하는 실험은 성공을 거두었다. 2016년 워싱턴 대
학 연구팀은 '리파마이신'이라는 약을 이용해 생쥐의 수명을 두 배 가
까이 늘이는 데 성공했다.

인간의 오래 살고 싶어 하는 본능을 실현 가능하게 만들어 가는 현
실에 우리는 직면해 있다. 인간 100세 시대는 현재 자주 사용하는 용
어지만, 몇 년의 세월이 지나면, 150세 시대, 200세 시대라는 말들이
나올 것으로 보인다. 구글은 자회사 칼리코를 통해 노화 방지 프로젝
트를 2013년부터 진행해 왔는데, 2030년이 넘어가면 인간 수명 500
세 시대에 달할 것이라는 무서운 예측을 하고 있다.

인간은 이미 동물들의 생명을 조절하는 능력을 갖추게 되었다. 이
러한 인간의 기술이 급진적으로 발전하게 되면, 사람의 생명 조절조
차 충분히 가능할 것임은 확실하다. 이러한 예측은 실현 불가능한 예
측이 아니라, 충분히 실현 가능한 예측이다.

커즈와일은 생명공학, 나노공학, 로봇공학의 발달로 2045년 이전에

인간 생명연장의 기술이 완성될 것이라 했고, 더 나아가 나이를 마음대로 조정할 수 있는 단계까지 발전한다고 했다. 즉, 나이가 많은 사람은 젊게 만들 수 있고, 나이가 젊은 사람은 늙게도 만들 수 있다는 것이다. 심지어 인간의 장수가 지겹다면 인간의 기억을 초기화해 새로운 삶을 살아갈 수도 있다는 예측을 했다. 이미 2009년 호주의 엘리자베스 박사는 노화를 막는 효소를 발견하여 노벨 의학상을 받았다. 커즈와일의 예측이 현실화되어 가는 것이다.

미래의 인간은 모든 질병이 정복되고, 죽지 않는 몸으로 살 수 있다는 사실을 가상해 만든 소설이 1962년 미국의 커트 보네거트(Kurt Vonnegut)에 의해 나왔다. 그의 공상 소설인 『2BRO2B』이다. 1962년에 상상해 만든 그의 소설이 현시대에는 상상이 아닌 현실이 되어 가고 있다. 실제로 많은 소설가나 영화감독들이 미래의 글을 쓰거나 영화를 만들 때, 미래 과학자들로부터의 조언을 충분히 반영하고 있다. 그렇기 때문에 미래 소설이나 영화에서 등장하는 많은 일들이, 실제로 미래의 한순간에 일어나는 경우들이 많이 있게 된다.

인간의 질병 정복과 노화 정복, 그리고 영생불사 등의 예측이 지나치다는 일부의 반론도 있지만, 이 분야에 있어 권위적인 대부분의 학자들은 아주 가까운 미래에 이러한 일이 가능하다는 데 모두 동의한다. 필자는 목회자로서 성경적 예언과 성경의 가르침에 비추어 인류에게 주어지는 장밋빛 미래는 반드시 올 것으로 예상한다. 그러나 이러한 미래는 오래 존속할 수 없고, 신의 영역에 도전한 인간에 대한 신의 무서운 심판이 있기 때문에 그 모든 예측은 일순간에 무너져 버리게 될 것으로 본다.

인간의 생과 사, 그리고 화와 복은 신의 주권하에 있는 절대적 권한이다. 그러나 이러한 영역에까지 인간의 기술이 미치고 있고, 이를 완성하고자 하는 것은 신의 영역에 대한 일종의 반란이다. 그렇기 때문에 더 이상 하나님은 침묵으로 일관하지 않을 것이며, 신의 영역으로 진출하려는 인간의 그 야망을 모두 꺾어 버릴 것이다.

가정 붕괴

여기서 말하는 가정이란 현재처럼 자연인들이 서로 사랑해 결혼이라는 과정을 거쳐 만든 가정을 말하며, 가정 붕괴란 이러한 자연적 가정 형태의 붕괴를 말한다.

현시대는 자연적 가정이 붕괴되어 가는 시대다. 이혼이나 독신가정이 늘어나며, 자녀 출산을 꺼려 하는 가정이 증가 추세에 있다. 이로 인해 자연적 가정은 미래 사회에 더욱더 그 의미를 잃어 가게 될 것이다. 아직은 서로 간의 사랑에 의해, 결혼이라는 과정을 거쳐 자녀를 출산해 가정을 이루어 살아갈 수 있지만, 미래의 사회는 전혀 그렇지 않다.

미래학자의 예측대로 우리의 미래가 진행된다면, 인간 수명의 연장으로 인해 일부일처제는 무너질 것이며, 다양한 복제를 통한 자녀 생산이 가능해진다. 그렇기 때문에 일부일처하에 있던 가정 형태는 별 의미가 없어지고, 다양한 사람과의 관계를 통해 여러 종류의 사람들이 거하는 새로운 가정 형태가 자리 잡을 것이다. 자유연애, 동성애, 트랜스 젠더 등의 급격한 사회변화는 물론이고, 노화 및 질병 정복으로 인한 외모 조절이 가능하고, 자연인, 유전인, 복제인, 로봇인, 인공지능인, 합성인 등과 같은 다양한 인간들이 복합적으로 얽혀 살아가는 시대로 변화할 것이기에, 현재와 같은 자연적 가정 형태는 그 자취를 감추게 될 것이다.

자녀 출산에 대한 걱정이 없기 때문에 성에 대한 자유개방 시대가 될 것이며, 자녀를 원한다면 언제든지 맞춤형 자녀를 가질 수 있게 된다. 현시대처럼 가족들이 옹기종기 모여 앉아, 가족 간의 사랑을 나누며 정을 나누는 일은 사라질 것이며, 단지 필요에 의해 구성된 사람들이 가정을 이루어, 개인의 취향대로 살아가게 될 것이다. 특히 가상공간의 발전으로 현실과 같은 가상세계 속의 가정이 만들어질 수도 있다. 이미 프로그램화되어 있는 가상속의 현실이 더욱더 살기에 적합한 환경으로 인식되어, 가상세계 속의 가정을 통해 살아가는 사람도 생길 것이다. 마음먹기에 따라 어제든지 가정을 가질 수도 있을 것이며, 또 언제든지 가정을 떠나거나 없앨 수도 있게 될 것이다.

생명 공학, 즉 유전자 편집을 통해 만들어진 GMO 식품으로, 식량 걱정이 없는 사회가 되어 굶주리는 사람이나 빈곤가정은 사라질 것이고, 전 세계 사람들은 빈부격차 없이 살아가는 세계시민이 되어 평등한 사회의 일원이 될 것이다.

우리 인간은 사회 내의 제도나 환경에 조금씩 길들여지게 되고, 세월이 지나면서 모든 사회제도를 받아들여, 그 사회의 일원이 되어 버린다. 선과 악의 개념도 사라지면서 세계국가가 만들어 놓은 사회적

제도 안에 모두가 동일화된 인간으로서 살게 된다. 미래사회의 국가
는 이러한 점을 고려해 새로운 가정의 모델을 만들어 내게 될 것이
다. 분명한 것은 현재와 같은 자연적 가정 형태는 반드시 사라질 수
밖에 없다는 것이다. 새로운 유토피아적 가정이 만들어질 수도 있다.

CHAPTER 13
4차 산업혁명과
기독교의 위기

우리 인류는 세 차례의 산업혁명을 겪어 왔다. 굳이 산업혁명이라는 용어를 사용한 것은, 급격한 사회 내의 변화를 초래했기 때문이다. 농경사회는 1차 산업의 주력인 증기기관의 발명으로 산업사회로 전환되었고, 전기의 발명을 계기로 시작된 2차 산업혁명은 밤낮없이 일할 수 있는 시대를 만들어 대량생산이라는 놀라운 업적을 이루게 되었다. 컴퓨터나 인터넷의 발명으로 시작된 3차 산업은 전 세계를 하나의 세계로 묶어 버렸고, 수많은 정보들을 주고받을 수 있는 시대로 만들었다.

우리는 언제 1차 산업혁명이 일어났고, 언제 2차 산업혁명이 일어났으며, 또 3차 산업혁명도 언제 진행되어 왔는지에 대해 잘 알지도 못하는 순간 그 혁명 속에 들어가, 그 시대의 사람으로 살아가고 있다. 현재를 살아가는 모든 이들은, 3차 산업혁명과 4차 산업혁명을 동시에 접하면서 살아가고 있으나 대부분이 그 사실을 인지하지 못하고 산다. 그러면서 3차 산업의 종결과 아울러 4차 산업의 새로운 시대로 자연스레 옮겨져, 4차 산업 시대의 문명이나 문화 속에서 동조되어 살아간다.

우리의 모든 삶이 바뀌고 있다. 학생들은 컴퓨터가 없으면 공부를
할 수 없다. 대부분의 사람들은 핸드폰 없이는 살 수 없는 시대로 들
어왔다. 삶의 대부분이 컴퓨터라는 매체를 통해 이루어지고 있는 현
실이다.

4차 산업혁명은 이전의 1차, 2차, 3차 산업혁명과는 완전히 다르다.
물론 이들이 토대는 되었지만, 그 발전 속도가 다를 뿐만 아니라 삶
의 질을 다루는 데 있어서는 완전히 다른 삶으로의 변화를 초래하고
있다. 지금까지의 모든 산업혁명은 이 세상의 일을 중심으로 다루어
졌으나, 현재 진행되고 있는 4차 산업은 신의 영역까지 들어갔다. 이
러한 4차 산업은 인간세계의 삶뿐만 아니라 종교세계의 무서운 변화
도 예측 가능케 한다.

4차 산업혁명은 인간의 육적 세계뿐만 아니라, 종교계에서 다루고
있는 영적 세계에까지 그 영향력을 미치고 있다. 인간의 오감을 자극
하는 육, 인간의 생각과 마음을 움직이는 혼, 인간의 죽음을 결정짓
는 영의 문제까지 4차 산업이 모두 다루고 있기 때문이다.

대부분의 종교는 4차 산업과 맞추어 가면 되지만, 기독교는 그렇지
않다. 4차 산업의 발전이 인간들에게는 꿈같은 세상의 미래를 보여
주고 있으나, 이 산업은 기독교의 근본 진리를 모두 빼앗아 가는 무
서운 일들임을 알 수 있다. 17, 18세기의 무서운 사탄의 공격을 통해
이미 이 세계에는 사탄이 자리할 무대가 만들어졌고, 이제 사탄은 4

차 산업이라는 희망적 메시지를 인간들에게 전달하면서 기독교의 본질을 무너뜨리고 있다. 만약 교회가 여기에 대한 대비나 준비를 하지 않는다면, 모든 교회는 4차 산업이라는 거대한 광풍 앞에 추풍낙엽처럼 처참하게 파괴될 것이다.

4차 산업의 발전은 신이 필요치 않는 세상을 만들어 간다. 종교는 존재하더라도, 신의 통치하의 종교가 아니라, 인간의 편리함과 유익함을 위한 종교만 존재하게 된다. 하나님과 구주 예수 그리스도를 믿는 우리 기독교는 세상 종교와는 완전히 다르다. 보편적 가르침으로 동질성을 찾을 수 있을지 모르지만, 교리의 핵심에 있어서는 완전히 차이를 가진다.

우리 기독교의 핵심 진리는 죄, 인간, 하나님, 사탄이라는 구도 안에, 사탄의 유혹으로 범죄한 인간들을 구원하기 위해 오신 예수님을 통해, 죄 용서함을 받고 하나님의 심판을 받지 않으며, 하나님의 나라를 상속할 수 있다는 인류의 구원이다. 그러나 4차 산업은 이러한 구원의 결정적 교리를 모두 파괴하며, 성경에서 가르치는 수많은 가르침들을 한순간에 무용지물로 만들어 버린다.

앞의 장들에서 열거한 모든 내용들은 4차 산업의 핵심적인 내용들이다. 4차 산업의 발전으로 이루어질 미래 세상에 대해 미래학자들이 예측한 것들 중의 일부분이다. 만약 이러한 예측대로 이 세상이 진행된다면, 우리 기독교의 모든 가르침은 거짓이 된다. 죄의 가르침도 수

정해야 하며, 가정의 가르침도 수정해야 한다. 땅 끝까지 복음을 전하라는 말은 허공에 치는 메아리일 뿐, 더 이상 필요치 않을 것이며, 복음이라는 메시지는 하나의 거짓에 불과한 가르침이 된다. 천국을 사모할 필요도 없어지며, 새로운 그리스도 세상의 도래란 아무 소용 없다. 부활의 의미도 없으며, 죄로 인한 죽음도 의미 없어진다. 현재의 기독교가 아니라 4차 산업에 맞는 새로운 기독교라는 종교가 나올 것이다. 4차 산업의 핵심을 요약하면 다음의 3가지로 압축할 수 있다.

1. IT 산업의 발전과 확장인 사물(만물) 인터넷 시대
2. IT 산업과 유전자 사업이 결합된 생명공학, 유전자 공학의 시대
3. IT 산업의 발달로 인한 인공지능 시대

이러한 4차 산업의 발달은 질병정복, 노화정복, 영생불사, 칩의 사회, 인공지능인간, 유전자인간, 합성인간, 복제인간 등이 공존하는 시대를 만들어 가게 될 것이다.

하나님께서는 흙으로 인간을 만드셨다고 했다. 그러나 인간은 기계로 인간을 만든다. 유전자를 복제해 인간을 만든다.

하나님께서는 인간의 죄 때문에 심판을 받는다고 했고, 그 이유로 사망이 왔다고 했다. 그러나 인간은 하나님의 심판이 없다고 믿으며, 이제는 사망마저도 정복할 수 있다고 한다.

하나님은 사람의 죄로 말미암아 각종 질병이 왔다고 했으나, 이제 인간은 인간의 모든 질병을 정복해 질병 없는 사회로 만들 수 있다고 한다.

하나님은 인간이 태어나 나이가 들면 늙어 죽는다고 했으나, 인간은 노화 유전자를 발견해 인간을 영원히 늙지 않고 살 수 있도록 한다고 한다.

생로병사의 순환 고리는 하나님이 주신 자연 법칙이나, 인간은 이 모든 순환 고리를 끊어 버리고 새로운 형태의 삶을 만들고자 한다.

4차 산업의 무서운 발전은 하나님의 존재성마저 단칼에 없애 버린다. 인간이 완전히 신의 위치에 서서, 신의 모든 영역을 하나하나 점령해 가고 있다. 교회 다닐 필요나, 전도할 필요도 완전히 사라진다. 인공지능 목사, 인공지능 성도, 복제 목사, 복제 성도, 로봇 목사, 로봇 성도들이 생겨날 수 있다. 교회는 종교적 상징으로서 존재할 수 있으나, 인간들을 구원하는 구원의 장소로서는 그 기능을 상실하게 된다.

이미 인간은 생명체 복제를 통해 신의 영역으로 들어갔다. 많은 식품들이 복제되고 있으며, 동물들도 복제되고 있다. 이렇게 복제된 식물과 짐승들이 우리의 식탁에 오르고 있다. 초기이긴 하나 짐승의 생명을 연장하는 기술도 만들어졌다.

　　4차 산업의 새로운 혁명은 2050년까지 대부분이 이루어진다는 미래학자들의 예측이다. 이후에는 더욱더 놀랍고 무서운 일들이 일어나겠지만, 2050년 안에, 우리가 상상치 못하는 현실이 다가올 것이라는 데는 이견이 없다.

　　만약 지금부터 우리 교회가 성도들에게 4차 산업의 무서움에 대한 경고를 하지 않는다면, 교회는 심각한 위기에 직면하게 될 것이다. 현 세대의 청소년들 설문에 의하면, 종교의 필요성에 대해 5%도 공감하지 않는다고 한다. 4차 산업의 혜택을 그대로 받고 있는 세대들이다. 이들이 자라게 되면, 이들이 하나님을 믿고, 죄에 대해 회개하고, 교회에 나와 예배를 드리고 하는 일들을 우습게 생각할 것이다.

　　오늘날 많은 성도들이 세상문화나 향락에 취해 있다. 주 5일 근무로 인해 하나님의 창조법칙이 깨지면서, 성도들도 세속적 문화나 향락에 아무 저항감 없이 다가간다. 교회 또한 이런 세속적 문화를 모방해 교회 내에 세상 문화들이 들어와 자리를 잡게 만들었다. 전도를 명분 삼아 교회를 세속화시키고 있다. 사람들이 좋아하는 것들을 고안해 사람들의 오감을 만족시키고 있다. 4차 산업 혁명에 뒤지지 않으려 첨단 문명의 혜택을 받으려 하고 있다.

　　4차 산업혁명에 물들면, 신의 존재가 부인되고, 죄에 대해 무감각해진다. 그리스도의 놀라운 은총이 사라지고, 인간적 욕망이 자신을 지배한다. 좀 더 편해지고 싶고, 좀 더 편리하게 살려는 인간의 욕망이 4차 산업으로 자신을 끌어가 버린다.

좁은 소견이지만 필자는 4차 산업의 이면에는 마지막 때를 아는 사탄의 무서운 음모가 들어 있다고 본다. 왜냐하면, 모든 산업이 하나님에 대해 정면으로 도전을 하고 있기 때문이다. 모든 핵심적인 4차 산업이 다 그렇다. 사탄은 인간의 지식과 이들의 문명을 이용해 하나님의 존재와 성경의 가르침이 거짓이라는 의식을 사람들이 갖도록 할 것이다. 그리고 사람들을 4차 산업의 편리함과 희망으로 몰아갈 것이다.

이제 성경을 믿고 하나님을 믿는 성도라면, 다음 장에서 다룰 대환난과 그리스도의 재림에 주목해야 한다. 만약 2050년 내에 4차 산업의 일들이 괄목할 성장을 이루어 이 땅에 현실화된다면, 하나님은 이들이 이렇게 하도록 그대로 두지 않을 것이다. 인간의 죄가 관영해 하나님 앞에 도달케 되었을 때 하나님은 홍수로 인간을 멸하셨다. 오늘날 인간의 죄도 너무 관영해 하나님 앞에 도달케 된다면, 그분은 심판의 채찍을 반드시 드신다. 그때가 무르익어 가고 있다.

CHAPTER 14
대환난

4차 산업의 진행과 그에 대한 미래의 예측은 혁명이라는 말로도 모자랄 정도다. 도저히 믿을 수도 없고, 믿기지도 않는 일들이기 때문이다. 불과 20~30년 안에 인간의 모든 질병이 치료되고, 노화를 막을 수 있으며, 더 나아가 영생불사의 형태로 살 수 있다는, 좀 허황되면서도 한편으론 은근히 기대도 되는 내용들이다. 삶의 질도 현재보다 훨씬 개선되어, 수많은 혜택을 누리면서 살아갈 수 있는 시대로 접어들어, 유토피아 같은 세상이 다가올 것 같은 착각을 할 정도다.

거짓 그리스도의 등장

성경말씀을 잠시 살펴보자. 데살로니가 전서 5장 1절에서 3절의 내용이다.

형제들아 때와 시기에 관하여는 너희에게 쓸 것이 없음은 주의 날이 밤에 도적 같이 이를 줄을 너희 자신이 자세히 앎이라 저희가 평안하다 안전하다 할 그 때

에 잉태된 여자에게 해산 고통이 이름과 같이 멸망이 홀연히 저희에게 이르리니 결단코 피하지 못하리라

　사도바울이 데살로니가 교회를 향해 쓴 편지의 내용이다. 본문을 봐서 알겠지만, 주님의 재림에 관련된 내용임을 한눈에 알 수 있다. 우선 바울은 때와 시기에 관해선 자세히 쓸 필요가 없다는 이야기를 하는데, 이는 믿음 생활을 하고 있는 성도들 모두가 주의 재림의 날에 대에 자세히 알고 있기 때문이라 2절에서 설명하고 있다. 주의 재림은 밤에 도적 같이 임한다는 사실을 알리면서 이렇게 말씀하고 있는 것이다.

　밤의 도적처럼 주의 재림의 날이 임한다는 사실에 있어, 실제로 재림하실 예수님께서도 이와 비슷하게 여러 차례 말씀하셨다. 그래서 항상 깨어 있으라는 권면을 하신 것이다(마 25장 참조). 밤의 도적처럼 오신다는 것은, 사람들이 생각지도 못한 순간 오신다는 말씀으로, 모두가 잠에 취해 도적이 옴을 모르는 것과 같이 주님의 재림도 잠에 취해 있을 때, 사람들이 전혀 짐작하지도 못할 때 온다는 것이다.

　잠에 취한다는 것은 육신적인 평안과 안락이 최고조에 이를 때를 말한다. 달콤한 잠에 빠져 모든 것을 잊고 자는 잠처럼 행복하거나 편한 것은 없다. 인생에 있어 최고의 평안과 안락함의 순간이 깊은 잠에 빠져 잘 때이다. 이렇게 깊은 잠에 빠지면, 주변에 어떤 일이 일어나는지, 집 안에 도적이 왔는지를 전혀 알지 못한다.

이어 바울은 3절에서 '저희가 평안하다, 안전하다 할 때'에 잉태된 여인에게 해산의 고통이 이름과 같이 멸망이 갑자기 임한다고 하면서, 이 멸망을 결코 피할 수 없을 것이라 경고하고 있다. 주님의 재림에 대한 아주 중요한 교훈을 찾아볼 수 있다.

예수님이 재림하시기 전, 이 땅에는 모든 사람이 느끼는 평안과 안전의 시대가 올 것을 알려 주는 내용이다. 모든 사람들이 느낄 정도의 평안이나 안전은 세계적 평화가 도래되는 시기가 옴을 암시한다. 모든 사람들이 세계적인 평화 속에 누리는 평안과 안전함으로 그리스도인들조차도, 이 세상의 평안과 안전에 취해 주님의 재림을 준비하지 못하는 비극적인 일들이 일어날 것임을 교훈하는 귀한 말씀이다.

과연 이 땅에 이러한 평화가 올 수 있을까. 그리고 이 평화는 과연 어느 정도 진행되어 갈 수 있을까.

여기에 대한 해답은 성경에서 정확히 안내하고 있다. 성경 외 그 어디에도 여기에 대한 구체적이고 정확한 해답을 찾을 수 없다. 성경은 인류의 시작과 진행, 그리고 그 결말까지도 우리에게 정확히 계시해 둔 놀라운 하나님의 말씀의 책이다. 성경 안에 인류의 모든 해답이 들어 있다.

성경은 예수님 재림 전, 이 땅에는 인류 역사 이래 최고의 번영과 평화의 시대가 도래할 것임을 계시하고 있다. 그런데 성경은 이러한 시대를 오히려 '밤'이라 하면서 뭔가의 심상치 않은 메시지를 던지고 있다.

현재 인류는 역사 이래 최고의 변화를 맞이하고 있다. 이전에는 상상으로만 그쳐야 했던 많은 일들이 현실로 나타나고 있다. 기술은 그 속도를 더해, 우리 인간이 따라잡기 힘들 정도로 급속히 발전해 가고 있다. 4차 산업혁명이 그 주인공이다. 인공지능, 유전자 치료, 각종 동물 및 식물 그리고 식량 복제, 사물인터넷 및 유비쿼터스 세상, 가상 및 증강 현실, 홀로그램, 수명연장, 난치병치료, 영생불사, 각종 인간 세상, 즉 자연인, 유전자인, 복제인, 인공지능인 합성인 등이 서로 섞여 사는 세상, 디자인 베이비 생산이 가능한 세상. 이 모두가 4차 산업에서 일어나는, 그리고 일어날 일들이다. 그것도 2050년 안에 이러한 일들이 일어날 것이라고 미래학자들은 예측하고 있다.

그러나 이러한 일들은 일어나지 않을 것이며, 일어나서도 안 된다. 어느 정도의 진행은 될 가능성은 있으나, 인간이 생각하는 그런 이상적인 세상은 오지 않는다. 미래학자들의 예측은 신(神), 즉 하나님이라는 중요한 사실을 일체 고려하지 않고 다양한 예외적 변수들을 생각지 않은 채 현재 기술의 정상적 발전만을 생각한 것이다.

요한 계시록 6장 1-2절을 다시 살펴보자.

내가 보매 어린 양이 일곱 인 중에 하나를 떼시는 그 때에 내가 들으니 네 생물 중에 하나가 우레 소리 같이 말하되 오라 하기로 내가 이에 보니 흰 말이 있는

데 그 탄 자가 활을 가졌고 면류관을 받고 나가서 이기고 또 이기려고 하더라

이 내용 역시 바울이 데살로니가 교인들에게, 주님 오시기 전 교훈한 내용과 일치하는 내용으로, 사도요한이 주님으로부터 계시를 받아 이 세상의 평화가 옴에 대한 중요한 가르침을 주는 내용이다.

계시록 6장은 이 땅에 하나님의 심판이 시작되는 사실을 알려주는 귀한 내용이다. 성경은 예수님이 이 땅에 재림하기 전 하나님의 무서운 심판이 진행됨을 알리고 있다, 그 심판은 일곱 인의 심판, 일곱 나팔의 심판, 일곱 대접의 심판으로 진행된다. 계시록 6장은 그 심판의 첫 단계로서 첫 번째 심판인 일곱 인의 심판이 시작되는 장이다.

1절에 보면 '어린 양의 일곱 인 중에 하나를 떼시는 그 때에'라고 말씀하시면서 일곱 인의 심판인 첫째 인이 떼어지는 사실을 알리고 있다. 근데 첫째 인이 떼어질 때 일어나는 내용이 2절에서 나오는데, 흰 말, 즉 백마와 백마를 탄 자가 나타나고 있다.

성경에서 계시하는 상징 중, 흰색은 평화를 상징하는 색이다. 평화를 상징하는 색깔로 흰색을 말하고 있는데, 하나님의 심판이 시작되는 첫째 인이 떼어질 때 '흰 말', 즉 백마가 등장하는 것은 이 땅에 놀라운 평화가 이루어짐을 알리는 말씀이다. 이런 사실을 미루어 볼 때 이 땅에는 모든 사람이 평안하다, 안전하다고 느낄 정도의 평화가 도래됨을 암시하는 말씀임이 분명해 보인다.

우리는 여기서 쉽게 이 말씀을 오해할 수 있다. 어떻게 이 땅에 평화가 주어지는 시기를 하나님의 심판이라 볼 수 있겠는가 하는 내용으로, 평화는 심판이 아니라 하나님이 주시는 복이라 생각할 수 있다. 그래서 일부의 신학자들은 2절에 나타나는 백마를 탄 자가 예수 그리스도라는 주장을 한다. 그러나 이는 성경을 잘못 이해한 데서 오는 오해다.

2절의 백마 탄 자가 예수님이 아니라는 것은 성경을 조금만 자세히 보면 충분히 이해할 수 있다. 전후 사정이나 문맥, 계시록의 진행 사건 등에 대한 올바른 이해 없이, 이 말씀을 보다 보니 섣부른 판단으로 백마 탄 자를 예수님이라 오해한 것이다. 2절의 백마 탄 자가 예수님이 아님은 다음의 사실들로 미루어 충분히 알 수 있다.

첫째, 1절에 나타나는 어린 양은 예수님을 가르친다. 이 예수님이 심판을 진행하면서, 첫째 인을 떼고 있는데, 동시에 백마를 타고 이 땅에 등장한다는 것은 이치상 옳지 않다. 어린 양인 예수님은 첫째 인을 떼시고, 둘째 인을 떼기 위해 준비하고 있는 상황인데 이 땅에 백마를 타고 내려와, 평화를 주고 있다는 사실은 옳지 않다.

둘째, 백마를 탄 자의 행동을 보면 예수님이 아님을 알 수 있다. 이 백마 탄 자는 활을 가졌고, 면류관을 받고 나가서, 이기고 또 이기려고 하더라고 표현하고 있다. 예수님은 백마를 탈 수는 있으나, 무기로서의 활을 가진다거나, 면류관을 받는다거나, 이기고 또 이기려고 노력하는 모습은 예수님의 모습과 일체 어울리지 않는다. 예수님의 무기는 활이 아니라 그분의 입에서 나오는 말씀이며, 예수님은 면류관을 받는 것이 아니라 이미 받은 분이시며, 이기고 이기려고 노력하시는 분이 아니시라 이미 이기신 분이시다.

실제로 백마를 탄 예수님의 모습을 보도록 하자. 계시록 19장 11절에서부터 16절 사이에 나타나고 있다.

> 또 내가 하늘이 열린 것을 보니 보라 백마와 탄 자가 있으니 그 이름은 충신과 진실이라 그가 공의로 심판하며 싸우더라 그 눈이 불꽃 같고 그 머리에 많은 면류관이 있고 또 이름 쓴 것이 하나가 있으니 자기밖에 아는 자가 없고 또 그가 피 뿌린 옷을 입었는데 그 이름은 하나님의 말씀이라 칭하더라 하늘에 있는 군대들이 희고 깨끗한 세마포를 입고 백마를 타고 그를 따르더라 그의 입에서 이한 검이 나오니 그것으로 만국을 치겠고 친히 저희를 철장으로 다스리며 또 친히 하나님 곧 전능하신 이의 맹렬한 진노의 포도주 틀을 밟겠고 그 옷과 그 다리에 이름 쓴 것이 있으니 만왕의 왕이요 만주의 주라 하였더라

계시록 19장은 이 땅의 모든 심판을 주관하시는 예수님이, 모든 심판을 마무리하는 장으로 예수님의 이 땅 재림을 기록한 장이다. 11절부터 16절 사이에 그분의 모습과 무기가 나오고 있는데, 그분의 모습은 백마를 탔으며(11), 그분은 면류관을 받으시는 분이 아니라, 이미 면류관이 있으며(12), 그분의 무기는 그분의 입에서 나오는 말씀(15)이라는 사실을 분명히 알리고 있다. 그렇기 때문에 심판의 시작인 첫째

인을 떼는 백마 탄 자는 절대로 예수님이 될 수 없다.

그렇다면 계시록 6장 1절에 등장하는 백마 탄 자는 누구이며, 이가 가져다주는 이 세상의 평화는 무엇을 의미하는지가 의문스러울 수 있다.

성경은 분명히 하나님의 심판의 인이 6장부터 진행됨을 알리고 있다. 백마를 타고 이 땅에 평화를 가져다주는 것도 하나님의 심판의 한 부분으로 말씀하시는 것이다. 그렇기 때문에 6장 1절에 등장하는 백마 탄 자는 예수님이 아니라, 하나님을 대적하는 적그리스도라는 사실을 알 수 있고, 이 적그리스도가 이 땅에 나타나 일시적 평화를 주는 것임을 알 수 있다. 이 평화는 진정한 평화가 아니라 거짓 평화, 잠깐의 평화, 곧 끝날 평화를 말하는 것으로, 이러한 거짓 평화의 도래도 하나님의 심판의 한 부분임을 말하는 것이다. 역으로 이야기하면, 사람들이 느끼는 평화, 데살로니가 전서에서 말한 평안하다, 안전하다 하는 이 평화는 하나님의 심판의 한 부분으로 나타나는 일시적인 현상이다. 이 세상 대부분의 사람들이 이러한 거짓, 위장된 평화에 속게 될 것이다.

그렇다고 여기서 문제가 해결된 것은 아니다. 6장 1절에 등장하는 백마 탄 자를 어떻게 거짓 그리스도, 적그리스도로 쉽게 결론을 내릴 수 있는가에 대한 문제가 남아 있다. 물론 2절을 통해 그리스도가 아님은 분명한데, 1절에 등장하는 이 인물이 과연 그리스도를 대적하는 적그리스도가 맞는가, 그런데 어떻게 그가 이 땅에 평화를 줄 수 있겠는가에 대한 의문이다. 이 의문은 다니엘서에서 해결할 수 있다. 다니엘서 9장 24절에서 27절의 내용을 살펴보자.

네 백성과 네 거룩한 성을 위하여 칠십 이레로 기한을 정하였나니 허물이 마치며 죄가 끝나며 죄악이 영속되며 영원한 의가 드러나며 이상과 예언이 응하며 또 지극히 거룩한 자가 기름 부음을 받으리라 그러므로 너는 깨달아 알지니라 예루살렘을 중건하라는 영이 날 때부터 기름 부음을 받은 자 곧 왕이 일어나기까지 일곱 이레와 육십이 이레가 지날 것이요 그 때 곤란한 동안에 성이 중건되어 거리와 해자가 이룰 것이며, 육십이 이레 후에 기름 부음을 받은 자가 끊어져 없어질 것이며 장차 한 왕의 백성이 와서 그 성읍과 성소를 훼파하려니와 그의 종말은 홍수에 엄몰됨 같을 것이며 또 끝까지 전쟁이 있으리니 황폐할 것이 작정되었느니라 그가 장차 많은 사람으로 더불어 한 이레 동안의 언약을 굳게 정하겠고 그가 그 이레의 절반에 제사와 예물을 금지할 것이며 또 잔포하여 미운 물건이 날개를 의지하여 설 것이며 또 이미 정한 종말까지 진노가 황폐케 하는 자에게 쏟아지리라 하였느니라

교회를 다니는 대부분의 성도들이 알고 있듯이, 다니엘서는 예수님의 탄생과 죽음 그리고 그리스도의 재림에 대한 내용을 포괄적으로 암시하면서, 다니엘 시대 이후부터 이 세상의 마지막 때까지 아주 친절히 안내하는 구약의 계시록에 해당된다. 너무 자세한 안내에 두려움마저 느낄 정도로 하나님 계시의 정확성을 분명히 알 수 있도록 해 주는 책이다. 짐승으로 표시된 제국들, 그리고 마지막 시대에 나타날 세계정부에 대한 안내, 그리고 위의 본문에서 나타나는 세계정부의

통치권자로 보이는 적그리스도에 대한 안내는 실로 성경이 하나님의 계시의 말씀임을 인정할 수밖에 없게 한다.

위의 본문은 종말의 열쇠를 풀 수 있는 70이레에 대한 안내로서, 마지막 시대에 나타날 최후의 환난에 대해 알려 주고 있다. 70이레에 대한 해설에 대해서는 저자가 쓴 죄, 구원, 종말에 대한 책을 참조하면 좋은 안내를 받을 수 있다. 다니엘서에서 나타나는 한 이레는 7년을 의미한다.

위 다니엘서에서 본문은 이스라엘의 완전한 회복을 70이레라는 기한을 두었으며, 그리스도가 십자가 위에서 구원 사역을 완성한 시기까지 69이레의 기간이 지난다고 하였다(26). 그리고 바로 한 이레, 즉 7년이 진행되지 않고 정해지지 않은 일정한 기간 후에 장차 한 왕이 온다고 하였고(26), 27절에서 그가 많은 사람으로 더불어 한 이레 동안 언약을 굳게 정한다는 내용이 나온다. 물론 26절에 나타난 한 왕은 B.C. 166년에 예루살렘 성전에서 하나님을 모독하는 행동을 한 안티오커스 에피파네스 4세의 행동을 언급하기도 하지만, 이 내용을 언급하면서 성경은 마지막 시대의 한 왕도 이와 같은 행동을 하게 될 것이라는 사실을 동시에 말하고 있다.

마지막 시대의 한 왕의 등장, 이 왕이 많은 사람과 더불어 마지막 한 이레 동안 언약을 굳게 정했으나, 세 이레 반 만에 그 언약을 폐기하고, 제사와 예물을 금지할 것이며 또 잔포하여 미운 물건이 날개를 의지하여 설 것이라는 말씀을 하시면서, 이미 정한 진노가 황폐케 하는 자에게 쏟아질 것이라 하였다.

69이레 후 멈추었던 마지막 한 이레의 시계가 돌아가는 내용이다. 왜 하나님은 69이레 후 바로 한 이레를 진행하지 않고, 왜 그 기간을 잠시 멈추었을까. 이 문제는 어렵지 않다. 예수 그리스도의 십자가 죽음은 유대인들만을 위한 죽음이 아니라, 온 인류를 위한 죽음이다. 그의 죽음을 통해 온 인류의 죄 용서가 이루어지고, 사탄의 세력이 무너지며, 이방인들에게도 하나님의 구원의 복음 메시지가 전해져, 이방인들도 주님의 은혜로 구원을 받을 수 있게 되었다. 이러한 이방인의 구원을 위해 하나님께서 마지막 한 이레의 시간을 멈추게 되었고, 멈추어진 그 기간에 수많은 하나님의 백성들이 하나님께로 돌아오게 된 것이다. 이러한 성경의 증거를 세대주의자들의 잘못된 해석으로만 치부해선 안 된다. 세대주의자들이 많은 잘못된 성경해석으로 혼란을 주는 것은 사실이지만, 그렇다고 그들의 모든 해석이 다 틀렸다고 말해선 곤란할 것으로 보인다. 로마서는 이 사실을 다음과 같이 증명한다.

> 형제들아 너희가 스스로 지혜 있다 함을 면키 위하여 이 비밀을 너희가 모르기를 내가 원치 아니하노니 이 비밀은 이방인의 충만한 수가 들어오기까지 이스라엘의 더러는 완악하게 된 것이라

요한복음 11장 25절은 다음과 같이 기록하고 있다.

또 그 민족만 위할 뿐 아니라 흩어진 하나님의 자녀를 모아 하나가 되게 하기 위하여 죽으실 것을 미리 말함이러라

예수님은 마가복음 13장 27절에서 "또 그 때에 저가 천사들을 보내어 자기 택하신 자들을 땅 끝으로부터 하늘 끝까지 사방에서 모으리라"고 하였다.

하나님께서 멈추신 마지막 한 이레는, 이방인인 우리들의 구원을 위해 주신 은혜의 기간이다. 이 기간에 그리스도의 복음이 전해져 수많은 사람들인 그리스도의 이름으로 구원을 얻게 된 것이다. 필자뿐 아니라 주님을 믿는 우리 모두를 위해 마지막 한 이레를 잠시 멈추신 것이다. 그러나 성경은 영원히 마지막 한 이레가 멈춰진 것이 아니라, 한 이레의 시작점을 정확히 알리고 있는데, 그 내용이 다니엘서 9장 27절에 나오는 한 왕의 등장이다.

바울서신과 계시록을 종합해 보면, 한 왕이 등장하기 전 이 땅엔 놀라운 평화가 전개될 것임을 예상케 한다. 이러한 평화는 한 왕의 등장으로 극대화될 것으로 보인다. 많은 나라들과 조약을 맺고, 평화와 번영, 그리고 안정을 약속할 것이며, 이스라엘과 연관하여서는 예루살렘 성전이 준공될 것이다. 준공된 예루살렘 성전 안에서 이스라엘의 제사 제도가 부활해, 제사가 드려질 것임을 알 수 있다.

1948년 이스라엘 독립 후 3차례의 중동전쟁이 발생한다. 아랍과의

제1차 전쟁은 유엔의 중재로 휴전하게 되고, 이어 1956년 2차 중동전쟁, 그리고 1967년 그 유명한 6일 전쟁으로 알려진 3차 중동전쟁이 발생한다. 이 때 이스라엘은 1억이 넘는 아랍연합군을 무찌르고 동예루살렘을 탈환, 이스라엘의 수도로 선포하나, 세계는 그 사실을 인정하지 않았다. 이후 예루살렘은 공동 통치 지역으로 유대교, 기독교, 로마가톨릭, 이슬람교의 성지로 자리 잡고 있다가, 2017년 12월 6일 유대인도 아닌 미국의 대통령이 예루살렘을 이스라엘의 수도로 인정하고, 2018년 5월 미국의 대사관을 예루살렘으로 옮겼다.

2017년은 이스라엘이 스스로 예루살렘을 수도라 인정한 지 꼭 50년째 되는 해다. 성경적 용어로 희년이라 부른다. 여기서 20년 뒤면 2037년으로, 3차 중동전쟁으로 예루살렘 탈환 후 70년째 되는 해가 되게 되는데, 70이란 숫자는 회복과 안식의 숫자로 상징되는 성경적 숫자이다. 옛날 이스라엘이 바벨론에 의해 멸망당한 뒤 하나님은 70년 뒤 고국으로 돌아올 것이라는 예언을 예레미야를 통해 주셨는데, 어쩌면 미국 대통령 트럼프의 예루살렘 수도 선언은 하나님의 일곱이레의 시간표를 예측할 수 있는 중요한 단서인지도 모른다.

성경으로 다시 돌아가 보자. 다니엘서 9장 26~27절에 나타난 한 왕은 세계적으로 추앙받아, 수많은 나라와 사람들로부터 존경과 칭송을 받으면서 등장할 것이다. 이 왕은 처음엔 정말 세계의 평화와 번영을 위해 노력할 것이다. 세계의 통치자로서의 위용을 드러낼 것으로 보인다. 그 내용을 알려 주는 말씀이 계시록 6장 1~2절의 말씀이다.

그렇기 때문에 계시록 6장 1~2절에 나타난 백마 탄 자는 그리스도가 아니라, 이 세계를 통치할 새로운 한 왕이며, 새로운 통치자로서 이 세상에 등장할 인물이다. 이 인물은 이미 2,600여 년 전에 예언한 다니엘서 9장 27절의 한 왕이 틀림없다고 판단된다.

이 왕은 한 3년 반 정도의 기간 동안엔 어느 정도 자유와 평화를 보장하지만, 이후 그의 정체가 드러나 전 세계를 공포의 도가니로 몰아갈 것이다. 특히 그리스도인들에겐 무자비한 박해를 가할 것이다. 바울은 그의 서신 데살로니가 후서 2장 3~4절을 통해 이 거짓 선지자를 불법의 사람, 멸망의 아들, 대적하는 자, 스스로 하나님이라 하는 자라고 분명히 말하고 있다.

> 누가 아무렇게 하여도 너희가 미혹하지 말라 먼저 배도하는 일이 있고 저 불법의 사람 곧 멸망의 아들이 나타나기 전에는 이르지 아니하리니 저는 대적하는 자라 범사에 일컫는 하나님이나 숭배함을 받는 자 위에 뛰어나 자존하여 하나님 성전에 앉아 자기를 보여 하나님이라 하느니라

거짓 선지자, 거짓 그리스도의 등장, 거짓 왕의 등장은 곧 바로 환난의 시대로 접어들었음을 의미하는데, 신실 된 그리스도인들은 지금의 시대를 잘 지켜보아야 할 것이다. 적그리스도, 즉 새로운 세계의 평화를 주는 통치자가 등장할 기미가 보이게 되면, 세상의 평화나 안락에서 즉각 빠져나와야 한다. 그러지 않으면 멸망이 홀연히 임하게 될 것이다.

4차 산업은 이 세상의 평화와 안락을 가져다 줄 놀라운 혁신적 산업으로 무장해 있다. 이 산업을 새로운 통치자는 충분히 이용할 것이며, 이를 통해 인류의 지상낙원 같은 세상을 만들겠다는 이상을 실현하고자 할 것이다. 그 내용이 계시록 6장 2절의 '이기고 또 이기려고 하더라'라는 표현으로 기록된 것으로 보인다.

환난 전의 상황

적그리스도, 즉 백마 탄 자의 등장 전 이 세상은 온통 장밋빛 전망으로 가득 찰 것이다. 2025년 이후 이 세상은 우리가 경험하지 못한 새로운 세계로 인도해 갈 것이다. 새로운 세상의 평화와 번영이 다가옴을 느낄 것이다. 세계적인 평화적 축제나, 전 세계의 하나 됨에 대한 가속화가 진행될 것이며, 개별 국가라는 개념보다 세계 속의 한 시민이라는 의식들이 서서히 자리 잡아 갈 것이다.

수많은 사람들이 세상이 주는 평화와 안정에 도취되어, 그 평화와 안정이 영원할 것만 같은 착각 속에 빠져 살 것이다. 많은 교회들은 이미 복음의 본질을 상실해, 거짓 복음으로 가득 찬 교회들이 즐비하게 늘어설 것이며, 거짓 메시지들이 대부분의 강단을 지배할 것이다. 천년왕국의 실현이 곧 이루어지게 될 것이라는 거짓 메시지들로 성도들의 영혼을 약탈해 갈 것이다.

현세의 평화와 안정은 하나님이 주신 복이라 외치며, 이 세상의 평화와 번영, 그리고 안락함에 취해 살도록 성도들을 인도해 갈 것이다. 이미 이러한 전조는 나타나기 시작했다. 수많은 교회들이 이미 세속적 문화와 거짓 복음에 점령당해, 온전한 복음의 메시지들이 사라지고, 세속적 복과 물질의 풍요함, 문화의 정당성을 강조하며 강단을 점령한 지 이미 많은 세월이 지났다. 경건이 없는 예배, 세속적 리듬으로 점령한 찬양, 세속적 복을 많이 받아야 하나님의 복을 받은 것으로 공식화시켜 버린 오늘날 교회의 현실. 이 모두가 환난 전에 일어나는 중요한 현상 중의 하나다. 바울은 데살로니가 후서 2장 3절에서, 주께서 이 땅에 오시기 전 교회의 배도에 대해 충고한다.

누가 아무렇게 하여도 너희가 미혹하지 말라 먼저 배도하는 일이 있고 저 불법의 사람 곧 멸망의 아들이 나타나기 전에는 이르지 아니하리니

세상의 배도는 이미 그 악이 하나님께 사무쳤고, 이제 교회마저도 그들의 악에 동조하려 한다. 세상의 부와 명예에 이미 물들어 버린 우리의 현실, 성도로서의 고난과 환난이 하나님의 저주라고 퍼붓는 세상, 성도가 가난하고 못사는 것은 부끄러운 일이라 험담하는 현실. 이 모두가 이 세상의 향락에 취해 버렸기 때문이다.

지금은 참으로 살기 좋은 세상이다. 대부분의 사람들이 나름 여가를 즐기고, 인생의 재미를 만끽하며 살아가고 있다. 말로는 살기 어렵다, 어렵다 해도, 각종 좋은 산천과 바다는 여름 휴가철이면 놀러온

사람들로 몸살을 앓는다. 수많은 고급 식당들은 예약을 미리하지 않으면, 갈 수 없을 정도로 사람들로 북적인다.

바울은 이러한 현대의 시대를 고통의 시대라 항변한다. 디모데 후서 3장 1절부터 5절을 보자.

> 네가 이것을 알라 말세에 고통하는 때가 이르리니 사람들은 자기를 사랑하며 돈을 사랑하며 자긍하며 교만하며 훼방하며 부모를 거역하며 감사치 아니하며 거룩하지 아니하며 무정하며 원통함을 풀지 아니하며 참소하며 절제하지 못하며 사나우며 선한 것을 좋아 아니하며 배반하여 팔며 조급하며 자고하며 쾌락을 사랑하기를 하나님 사랑하는 것보다 더하며 경건의 모양은 있으나 경건의 능력은 부인하는 자니 이 같은 자들에게서 네가 돌아서라

바울은 마지막 시대의 고통을 다음과 같이 말하고 있다. 자기를 사랑하는 시대, 돈을 사랑하는 시대, 자긍(자랑, 허풍)하는 시대, 교만한 시대, 하나님을 모독하는 시대, 부모에 불순종하는 시대, 감사치 않는 시대, 거룩하지 않은 시대, 정이 없는 시대, 원통해하며 화해하지 않는 시대, 참소하는 시대, 절제하지 못하는 시대, 사나운 시대, 선한 것을 좋아하지 않는 시대, 배반하는 시대, 분별이 없는 시대, 자만하는 시대, 쾌락을 사랑하는 시대, 경건의 모양만 있는 시대 등 약 19지 정도의 내용을 기록하며, 이러한 시대를 향해 고통의 시대라 정확히 경고하고 있다. 이어 바울은 강한 어조로 우리 그리스도인들은 이러한 자, 이러한 시대로부터 돌아서라고 당부한다.

성도에게 있어 세상의 풍요와 안락함, 그리고 세속적 향락이 모두 고통이 된다. 하나님 없이 마음대로 살아가는 세상의 악함을 보고, 비록 안락하고 편안하지만 마음은 무척 힘이 들며, 하나님 앞에서 진정한 고통을 느끼게 된다.

성도의 기쁨과 즐거움은 주님과 함께 있음에 있다. 그리스도 안에서의 참된 안식이 참된 기쁨이요, 즐거움이다. 지금처럼 신앙의 박해가 없고, 믿음생활하기 좋을 때 기도에 힘쓰고 주의 말씀을 바로 알기에 정진해야 한다. 그렇지 않으면 자신도 모르는 순간, 세상의 향락에 취하게 되고 주님 오심에 대한 경고의 소리를 듣지 못하며, 배도의 무서운 늪으로 빠지게 된다.

대환난

4차 산업의 놀라운 발전과 더불어, 인류에겐 놀라운 평화와 안정의 시기가 정착되는 시기로, 세계정부의 구성과 더불어 새로운 세계 통치자가 전면 등장한다. 새 통치자를 통해 수많은 공약들이 이루어지고, 그는 새로운 유토피아와 같은 세계 건설을 천명하며, 종말의 중심에 서 있는 이스라엘은 이 통치자를 그들의 메시야로 온 사람으로 받아들이게 된다. 새로운 성전이 재건되고, 제사가 회복되며 구약에 약속한 하나님의 나라가 이 땅에 이루어지게 된 것으로 착각할 것이다.

대부분의 사람들이 4차 산업의 도움으로, 장수하는 시대로 들어섰음을 인정하고, 칩의 이식을 통한 경제활동과 상상도 할 수 없는 수많은 혜택을 보게 될 것이다. 그러나 이러한 시대는 곧바로 하나님의 무서운 심판, 즉 대환난의 시간으로, 이들이 생각하던 모든 평화와 안정은 곧 바로 하나님의 심판으로 하나하나 무너지게 될 것이고, 세계평화를 장담했던 세계정부는 돌변해 모든 사람들을 강제적으로 통치하는 무서운 철권통치를 행할 것이다. 이식된 칩을 통해 모든 사람을 감시하고, 세계정부의 정책에 반대하는 자들을 가차 없이 처단할 것이다.

전 3년 반의 통치

이 세상의 모든 법칙은 하나님의 통치 원리를 따르고 있다. 태양계를 중심한 모든 위성들도 하나님의 정한 법칙 아래 운행되고 있다. 이러한 행성계가 조금의 오차라도 보이면 지구는 단번에 멸망한다. 그렇기 때문에 단 한 치의 오차도 없이 지구를 포함한 이 우주는 하나님이 정한 법칙과 그분의 통치아래서 움직이고 있다. 이렇게 단 한 치의 오차도 없이 모든 행성계가 빅뱅이라는 대폭발을 통해 자연적으로 생성되어 규칙적으로 움직일 확률은 제로다. 하나님의 통치와 감독 없이 온 우주의 질서가 수천 년 간 한 치의 오차도 없이 움직인다고 믿는 사람은 아주 어리석은 자이다.

지구의 운명도 하나님이 정하신다. 지구의 시작과 진행, 그 결과까지도 하나님이 진행하신다. 지구의 주인공은 인간이다. 자신의 형상을 인간에게 주어 인간에게 영원한 행복을 약속했지만 인간은 이를 거부하였다. 스스로가 하나님이 되고자 하였다.

인간 생사화복(生死禍福)의 모든 결정권자는 하나님이시다. 그런데 이제 인간이 이 영역에 들어와 하나님의 자리를 차지하려 한다. 그 옛날 천사였던 사탄이 그러했고, 우리의 시조 아담과 하와가 그러했던 것처럼 하나님의 자리에 인간이 앉으려 하고 있고, 인간의 생사화복을 주관하려고 한다.

이제 하나님께서도 더 이상 인간에 대한 심판을 미룰 수 없는 시대에 들어왔다. 왜냐하면 인간의 행동을 이대로 두면, 하나님의 모든 통치원리와 성경이 무너지기 때문이다. 그렇기 때문에 이제 하나님의 심판의 채찍이 이 땅에 이루어지게 될 것이다. 대환난의 징조가 이미 보이고, 적그리스도의 통치가 곧 이루어질 여건들이 마련되고 있기 때문이다.

성경은 대환난의 기간을 마지막 한 이레의 시작으로 7년 동안 진행될 것임을 알려 주고 있다. 이 7년간의 환난은 전 3년 반과 후 3년 반의 기간으로 구분하며, 전 3년 반의 기간은 일곱 인의 심판과 일곱 나팔의 심판으로 나타나며, 후 3년 반은 일곱 대접이 심판으로 나타난다고 하였다. 이제 전 3년 반에 일어날 일곱 인의 심판과 일곱 나팔의 심판에 대해 간단히 살펴보자.

일곱 인의 심판

일곱 인의 심판은 계시록 6~7장에 나타나고, 8장은 마지막 인을 뗄 때 일곱 나팔 심판이 진행되기 전 이 땅의 상황에 대해 간단히 설명하고 있다.

첫째 인의 심판(계 6:1~2)

내가 보매 어린 양이 일곱 인 중에 하나를 떼시는 그 때에 내가 들으니 네 생물 중에 하나가 우뢰 소리같이 말하되 오라 하기로 내가 이에 보니 흰 말이 있는데 그 탄 자가 활을 가졌고 면류관을 받고 나가서 이기고 또 이기려고 하더라

첫째 인의 심판은 인간에겐 평화와 안정의 기간으로 나타난다. 이러한 평화와 안정은 참된 평화와 안정이 아니기 때문에 거짓 평화와 거짓 안정이며, 이러한 거짓 평화와 안정에 모든 사람은 속게 될 것이고, 심지어 신실되지 못한 대부분의 그리스도인들도 속게 될 것이다. 흰 말은 평화를 상징하며, 그 탄 자는 거짓 평화를 가져다주는 그리스도의 대적자이다.

둘째 인의 심판(계 6:3~4)

둘째 인을 떼실 때에 내가 들으니 둘째 생물이 말하되 오라 하더니 이에 붉은 다른 말이 나오더라 그 탄 자가 허락을 받아 땅에서 화평을 제하여 버리며 서로 죽이게 하고 또 큰 칼을 받았더라

세상 사람들이 이 세상의 평화와 안락에 취해 있을 때, 하나님은 두 번째 인의 심판을 진행하신다. 두 번째 인을 떼니, 붉은 다른 말이 나오며, 그 탄 자가 땅에서의 화평을 제하여 버리고, 서로 죽이게 하고 또 큰 칼을 받았다고 하였다. 붉은 말과 칼은 전쟁을 상징하는 것이다. 하나님께서 이 땅에서의 화평을 제해 버리고, 전쟁의 소용돌이 속으로 몰아간다는 것이다. 그리고 이 세상 사람들이 누렸던 모든 평화도 사라지게 된다. 이 내용 속에서 알 수 있는 사실은 평화와 전쟁의 모든 일들도, 하나님께 속한 것이라는 사실이다. 이 때도 사람들은 이러한 전쟁을 하나님의 심판으로 생각지 않을 것이고, 지금까지 그래왔던 것처럼 과거에 일어나는 한 전쟁으로 생각하게 될 것이다.

셋째 인의 심판(계 6:5~6)

셋째 인을 떼실 때에 내가 들으니 셋째 생물이 말하되 오라 하기로 내가 보니 검은 말이 나오는데 그 탄 자가 손에 저울을 가졌더라 내가 네 생물 사이로서 나는 듯하는 음성을 들으니 가로되 한 데나리온에 밀 한 되요 한 데나리온에 보리 석 되로다 또 감람유와 포도주는 해치 말라 하더라

셋째 인이 떨어질 때의 특징은 검은 말과 저울이다(5). 그리고 6절에서는 극심한 경제적 어려움을 나타내고 있다. 검은 말은 흉년과 기근을 상징하는 색이다. 그리고 그 증거로서 저울을 나타내고 있으며, 6절에서는 경제적 어려움이 있을 것임을 말하고 있다.

현재 우리의 세계는 기후를 조작하고 변화시킬 수 있는 기구가 만들어져 있다. 미국 알래스카에 하프(HAARP, High Frequency Active Auroral Research Program)라는 기구와 캠트레일(Chemtrail)이라는 기구이다.

2017년 10월 19일 딘 데블린(Dean Devlin) 감독의 〈지오스톰(Geostorm)〉이라는 영화가 국내에 개봉되었다. 이 영화의 부체는 '인간이 기후를 조작하다'이다.

이 영화는 지구의 자연재해에 대해, 그 재해를 막고 피할 수 있는 새로운 기후 조작 프로그램을 만들어 자연재해를 막아보고자 하는 과학자들의 노력이, 결국 지구를 더욱더 파국으로 몰아가게 되는 내용을 다루고 있다.

2005년 미국 의회에서는 기후 조작 연구개발 정책승인 법(Weather Modification Research and Development Policy Authorization Act of 2005)이 제출되었고 이 법은 인공강우 등 기상제어를 목적으로 하는 공개

된 기술연구개발에 의한 것이라고 하였다.[31]

지구상에 나타나는 기후를 임의로 조작하고 바꿀 수 있는 이 기구는, 인류에게 도움을 주는 도구도 될 수 있고, 무서운 무기도 될 수 있는 기구다. 그러나 아무리 기후를 조정할 수 있는 기구라 해도 하나님이 주시는 심판은 결코 임의로 조정할 수 없다. 오히려 더욱더 심판의 진노를 강하게 만들 뿐이다.

셋째 인이 떼어질 때 무서운 흉년과 기근으로 사람들의 삶이 어려워질 것이다. 일상적으로 일어나는 기근이 아니라, 하나님의 심판에 의한 기근이기 때문에 인간의 그 어떠한 방법으로도 이 문제를 해결해 가기는 어려울 것이다. 심판은 여기서 끝이 아니다.

넷째 인의 심판(계 6:7~8)

넷째 인을 떼실 때에 내가 넷째 생물의 음성을 들으니 가로되 오라 하기로 내가 보매 청황색 말이 나오는데 그 탄 자의 이름은 사망이니 음부가 그 뒤를 따르더라 저희가 땅 사 분 일의 권세를 얻어 검과 흉년과 사망과 땅의 짐승으로써 죽이더라

---

31) 출처: 다음 백과

넷째 인에서 나타나는 특징은 청황색의 말이다. 이 청황색의 말에 대한 해설은 성경이 바로 알려 주고 있다. 사망과 음부가 그 뒤를 따른다는 내용을 보아, 대대적인 죽음과 셋째 인에서 나타난 흉년이 연속적으로 이어짐을 볼 수 있다. 이 청황색 말은 땅 사 분의 일의 권세를 가진 사망과 음부를 데리고 온다는 것으로 보아, 인류의 약 사 분의 일이 죽을 것임을 알 수 있다. 질병이든 전쟁이든 계속된 흉년의 결과든, 이 넷째 인이 떼어질 때 인류의 사 분의 일이 죽게 될 것이다.

다섯째 인의 심판(계 6:9~11)

다섯째 인을 떼실 때에 내가 보니 하나님의 말씀과 저희의 가진 증거를 인하여 죽임을 당한 영혼들이 제단 아래 있어 큰 소리로 불러 가로되 거룩하고 참되신 대 주재여 땅에 거하는 자들을 심판하여 우리 피를 신원하여 주지 아니하시기를 어느 때까지 하시려나이까 하니 각각 저희에게 흰 두루마기를 주시며 가라사대 아직 잠시 동안 쉬되 저희 동무 종들과 형제들도 자기처럼 죽임을 받아 그 수가 차기까지 하라 하시더라

다섯째 인의 심판은, 하나님의 말씀과 저희의 가진 증거로 인해 순교당한 영혼과 이 땅에서 고난당하는 성도들에 대한 신원의 소리를 듣는 내용이다. 하나님께서는 이들의 신원에 대해, 좀 더 쉬라고 말씀하시며 순교의 수가 차기까지 기다리라고 하신다.

순교는 성도가 받은 복 중에 최고의 복이다. 아무나 순교할 수 없

다. 순교도 하나님께서 허락하신 자만이 할 수 있는 은총에 속한다. 그러나 하나님을 믿는 모든 주의 백성들은 언제나 순교의 자세를 갖고 있어야 하며, 특히 환난의 시기엔 더욱더 이 자세를 견지해야 할 것으로 보인다.

여섯째 인의 심판(계 6:12~17)

내가 보니 여섯째 인을 떼실 때에 큰 지진이 나며 해가 총담같이 검어지고 온 달이 피같이 되며, 하늘의 별들이 무화과나무가 대풍에 흔들려 선 과실이 떨어지는 것같이 땅에 떨어지며 하늘은 종이 축이 말리는 것같이 떠나가고 각 산과 섬이 제자리에서 옮기우매 땅의 임금들과 왕족들과 장군들과 부자들과 강한 자들과 각 종과 자주자가 굴과 산 바위틈에 숨어 산과 바위에게 이르되 우리 위에 떨어져 보좌에 앉으신 이의 낯에서와 어린 양의 진노에서 우리를 가리우라 그들의 진노의 큰 날이 이르렀으니 누가 능히 서리요 하더라

여섯째 인이 떼어지면서 계시록 6장은 끝이 난다. 여섯째 인의 특징은 지진과 천체의 변화이다. 이러한 여섯째 인의 심판은 다음의 네 가지로 정리할 수 있다.

1. 지진이다. 이 지진은 국지적일수도 있고, 전 세계적일 수도 있을 것이다. 그러나 이전에 일어났던 여러 지진과는 확연한 차이점을 가질 것이다.
2. 해가 총담같이 검어진다는 것은 일식이거나, 아니면 지구상의 화산폭발, 전쟁으로 인해 하늘이 덮여 어두워진 상태를 말할 수 있다.

3. 그리고 이어 온 달이 피같이 된다고 했는데, 이는 지구상의 재앙이나, 전쟁 등으로 인해 달이 피같이 보이는 상태로 볼 수 있다.

4. 그리고 마지막으로 하늘에 별들이 무화과나무가 대풍에 흔들려 선 과실이 떨어지는 것 같이 땅에 떨어진다고 한 것은, 아마 유성이 이 땅에 떨어지는 모습을 암시하는 내용으로 보인다.

이상과 같은 무서운 재앙들이 여섯째 인이 떼어질 때 일어나는 심판으로, 이러한 심판을 받는 지상 사람들 중 땅의 임금들, 왕족들, 장군들, 부자들, 강한 자들, 각 종들, 자주자가 굴과 산 바위틈에 숨어, 이 심판이 하나님의 심판임을 인정하게 된다. 그리고 이 심판으로부터 피할 수 없음도 인정한다. 그럼에도 불구하고 그들은 이 심판으로부터 그들이 피할 수 있는 모든 방법을 총동원하여 숨는 장면이 나오는데, 현재 전 세계적으로 사람들은 이 지구상의 재난을 피하기 위한 피난처소를 만들고 있다. 아마 이것이 심판을 피하려는 모습은 아닌지 조심스레 예측해 본다.

일곱째 인의 심판(계 8:1)

일곱째 인을 떼실 때에 하늘이 반시 동안쯤 고요하더니

일곱째 인은 6장에 이어 7장에서 바로 진행된 것이 아니라, 잠깐의 중간 계시가 나타나고 8장 1절에 나타나고 있다. 그러나 일곱째 인의 심판은 이 땅에 대한 심판으로서의 특징을 가진 것이 아니라, 일곱 나팔 심판을 알리는 것으로, 일곱째 인이 떼어질 때 곧 바로 일곱 나팔의 심판이 진행된다.

일곱 나팔의 심판(계 8:7~9:21)

일곱 인의 심판이 마무리되면서, 일곱 나팔의 심판이 이어진다. 일곱 인과 일곱 나팔 심판의 중간에 7장을 통해 하나님께 인 맞은 사람 144,000명이 나오는데, 이스라엘 각 지파에서 인 맞은 자들로, 각 지파마다 12,000명씩이다. 이들이 인을 맞는 장면이 7장에 나타난다. 그리고 전 3년 반의 환난 기간에 순교당한 신실된 주의 백성들에 대한 내용이 나오며, 이어 주님의 위로의 말씀으로 7장이 마무리된다. 순교당한 자들에 대한 주님의 위로의 말씀은 다음과 같다. 계시록 7장 15~17절이다.

그러므로 그들이 하나님의 보좌 앞에 있고 또 그의 성전에서 밤낮 하나님을 섬기매 보좌에 앉으신 이가 그들 위에 장막을 치시리니 저희가 다시 주리지도 아니하며 목마르지도 아니하고 해나 아무 뜨거운 기운에 상하지 아니할지니 이는 보좌 가운데 계신 어린 양이 저희의 목자가 되사 생명수 샘으로 인도하시고 하나님께서 저희 눈에서 모든 눈물을 씻어 주실 것임이러라

일곱 나팔의 심판에는 일곱 인의 심판보다 더 무시운 하나님의 심

판이 잇따른다.

첫째 나팔의 심판(계 8:7)

첫째 천사가 나팔을 부니 피 섞인 우박과 불이 나서 땅에 쏟아지매 땅의 삼 분의 일이 타서 사위고 수목의 삼 분의 일도 타서 사위고 각종 푸른 풀도 타서 사위더라

첫째 나팔의 심판은 자연에 대한 하나님의 심판으로, 하늘에서 피 섞인 우박과 불이 나와 땅의 삼 분의 일이 타고, 수목의 삼 분의 일, 각종 푸른 풀도 삼 분의 일이 타는 내용이다. 소돔과 고모라가 하나님께 용서받을 수 없는 범죄의 도시로 지닐 때 하나님께서 아브라함을 통해 소돔과 고모라 성을 멸할 것이라는 천사의 계시를 받는다. 천사의 계시대로 소돔과 고모라 성이 멸망을 당하는데, 그때의 사건을 이렇게 묘사한다. 창세기 19장 24~25절의 말씀이다.

여호와께서 하늘 곧 여호와에게로서 유황과 불을 비같이 소돔과 고모라에 내리사, 그 성들과 온 들과 성에 거하는 모든 백성과 땅에 난 것을 다 엎어 멸하셨더라

하나님께서 죄악으로 관영한 소돔과 고모라 성을 멸하실 때 하늘, 즉 하나님께로부터 유황과 불이 비같이 내렸다고 기록한다. 첫 나팔 심판은 이 같은 상황을 연상케 한다. 얼마나 두렵고 무서운 심판인가. 현대에도 가끔씩 무서운 우박이 내리곤 한다. 하늘이 컴컴해지면

서, 천둥 번개가 치고, 우박이 떨어지기 시작하면 우리는 굉장한 두
려움을 느낀다.

하나님의 첫째 나팔 심판이 전 지구일지, 아니면 이스라엘을 중심
한 중동권이 될지는 우리로서는 알 길이 없으나. 감히 사람이 상상키
힘든 무서운 재앙임에는 틀림없다.

둘째 나팔의 심판(계 8:8~9)

둘째 천사가 나팔을 부니 불붙는 큰 산과 같은 것이 바다에 던지우매 바다의 삼
분 의 일이 피가 되고 바다 가운데 생명 가진 피조물들의 삼 분의 일이 죽고 배
들의 삼 분의 일이 깨어지더라

둘째 나팔의 심판은 바다에 대한 심판으로, 바다 삼 분의 일이 피
가 되고, 바다 가운데 생명을 가진 피조물들의 삼 분의 일이 죽고, 배
들도 삼 분의 일이 깨어지는 심판으로 묘사되는데, 바다의 삼 분의 일
이 피가 되었다는 것은 바다의 색깔이 핏빛으로 물들었다는 것으로,
바다에서의 전쟁으로 인한 죽음을 나타내는 것으로 볼 수 있다. 이러
한 전쟁으로 말미암아 바다 생물의 삼 분의 일이 죽고, 수많은 배도
깨어지는 내용으로 미루어 짐작이 가능하다.

셋째 나팔의 심판(계 8:10~11)

셋째 천사가 나팔을 부니 횃불같이 타는 큰 별이 하늘에서 떨어져 강들의 삼 분의 일과 여러 물 샘에 떨어지니 이 별 이름은 쑥이라 물들의 삼 분의 일이 쑥이 되매 그 물들이 쓰게 됨을 인하여 많은 사람이 죽더라

앞의 나팔이 바다에 대한 심판이었다면, 이번 심판은 강에 대한 심판으로 보인다. 이는 땅에서의 전쟁을 암시하는 것으로 볼 수 있는데, 이러한 전쟁으로 말미암아 물을 마실 수 없게 되는 상황을 나타낸다. 땅에 떨어진 별 이름을 쑥이라 하였는데, 이 쑥은 아주 쓴 맛을 낸다. 구약성경에서 상징적으로 나타나는 쑥은 불순종하고, 거역하는 이스라엘 백성에 대한 징계의 의미로 나타난다.

넷째 나팔의 심판(계 8:12~13)

넷째 천사가 나팔을 부니 해 삼 분의 일과 달 삼 분의 일과 별들의 삼 분의 일이 침을 받아 그 삼 분의 일이 어두워지니 낮 삼 분의 일은 비침이 없고 밤도 그러하더라 내가 또 보고 들으니 공중에 날아가는 독수리가 큰 소리로 이르되 땅에 거하는 자들에게 화 화 화가 있으리로다 이 외에도 세 천사의 불 나팔 소리를 인함이로다 하더라

해와 달과 별이 공격을 받아 그 삼 분의 일이 어두워짐에 대한 심판으로, 이는 인간에게 밀접한 관계가 있는 우주에 대한 심판을 진행

하는 모습이다. 해, 달, 별의 심판으로 이 지구상에 어둠이 깊이 임하는 것을 암시한다. 아니면 지상에서의 전쟁으로 말미암아 해, 달, 별이 정상적인 기능을 할 수 없음을 나타내는 것으로도 볼 수 있으나, 이러한 심판에 대한 두려움은 이 지구상에 거하는 모든 사람들에게 강하게 임할 것이다.

다섯째 나팔의 심판(계 9:1~2)

다섯째 천사가 나팔을 불매 내가 보니 하늘에서 땅에 떨어진 별 하나가 있는데 저가 무저갱의 열쇠를 받았더라 저가 무저갱을 여니 그 구멍에서 큰 풀무의 연기 같은 연기가 올라오매 해와 공기가 그 구멍의 연기로 인하여 어두워지며 또 황충이 연기 가운데로부터 땅 위에 나오매 저희가 땅에 있는 전갈의 권세와 같은 권세를 받았더라 저희에게 이르시되 땅의 풀이나 푸른 것이나 각종 수목은 해하지 말고 오직 이마에 하나님의 인 맞지 아니한 사람들만 해하라 하시더라 그러나 그들을 죽이지는 못하게 하시고 다섯 달 동안 괴롭게만 하게 하시는데 그 괴롭게 함은 전갈이 사람을 쏠 때에 괴롭게 함과 같더라 그 날에는 사람들이 죽기를 구하여도 얻지 못하고 죽고 싶으나 죽음이 저희를 피하리로다 황충들의 모양은 전쟁을 위하여 예비한 말들 같고 그 머리에 금 같은 면류관 비슷한 것을 썼으며 그 얼굴은 사람의 얼굴 같고 또 여자의 머리털 같은 머리털이 있고 그 이는 사자의 이 같으며 또 철흉갑 같은 흉갑이 있고 그 날개들의 소리는 병거와 많은 말들이 전장으로 달려들어 가는 소리 같으며 또 전갈과 같은 꼬리와 쏘는 살이 있어 그 꼬리에는 다섯 달 동안 사람들을 해하는 권세가 있더라 저희에게 임금이 있으니 무저갱의 사자라 히브리 음으로 이름은 아바돈이요 헬라 음으로 이름

은 아볼루온이더라 첫째 화는 지나갔으나 보라 아직도 이 후에 화 둘이 이르리로다

다섯째 나팔의 재앙은 무저갱의 열쇠를 받은 별이, 무저갱을 열자 무저갱 구멍으로부터 큰 풀무의 연기 같은 연기가 올라와 해와 공기가 그 구멍의 연기로 인하여 어두워지며 또 황충이 연기 가운데로부터 땅 위에서 나와 전갈과 같은 권세를 받았다고 한다. 여기서 황충으로 번역된 것은 쉽게 말하면 메뚜기와 같은 그런 종류의 곤충을 말한다.

황충의 모습은 전쟁을 예비한 말들 같고, 그 머리에 금 같은 면류관 비슷한 것을 썼으며, 그 얼굴은 사람의 얼굴 같고, 또 여자의 머리털 같은 머리털이 있고, 그 이는 사자의 이 같으며, 또 철 흉갑 같은 흉갑이 있고, 그 날개들의 소리는 병거와 많은 말들이 전장으로 달려 들어 가는 소리 같으며, 또 전갈과 같은 꼬리와 쏘는 살이 있어 그 꼬리에는 다섯 달 동안 사람들을 해하는 권세가 있다고 묘사되고 있다. 이 황충이 무엇인지 정확히 알 수 없으나, 이 황충은 하나님을 알지 못하는 자들에 대한 5개월간의 심판이 허락된다. 황충의 5개월간 심판 때 그 고통이 말할 수 없이 커, 사람들이 죽기를 구하나 죽음이 저희들을 피해 간다고 하였다.

여섯째 나팔의 심판(계 9:13~21)

여섯째 천사가 나팔을 불매 내가 들으니 하나님 앞 금단 네 뿔에서 한 음성이

나서, 나팔 가진 여섯째 천사에게 말하기를 큰 강 유브라데에 결결한 네 천사를 놓아 주라 하매, 네 천사가 놓였으니 그들은 그 연, 월, 일, 시에 이르러 사람 삼 분의 일을 죽이기로 예비한 자들이더라. 마병대의 수는 이만만이니 내가 그들의 수를 들었노라. 이같이 이상한 가운데 그 말들과 그 탄 자들을 보니 불 빛과 자주 빛과 유황빛 흉갑이 있고 또 말들의 머리는 사자 머리 같고 그 입에서는 불과 연기와 유황이 나오더라. 이 세 재앙 곧 저희 입에서 나오는 불과 연기와 유황을 인하여 사람 삼 분의 일이 죽임을 당하니라. 이 말들의 힘은 그 입과 그 꼬리에 있으니 그 꼬리는 뱀 같고 또 꼬리에 머리가 있어 이것으로 해 하더라. 이 재앙에 죽지 않고 남은 사람들은 그 손으로 행하는 일을 회개치 아니하고 오히려 여러 귀신과 또는 보거나 듣거나 다니거나 하지 못하는 금, 은, 동과 목석의 우상에게 절하고, 또 그 살인과 복술과 음행과 도적질을 회개치 아니 하더라

여섯째 나팔의 심판에서는 좀 더 구체적으로 전쟁에 대한 심판이 언급된다. 이 전쟁에서 사람의 삼 분의 일이 죽게 된다. 앞에서 넷째 인의 심판 때 청황색 말이 나오고, 땅의 사 분의 일을 해할 권세를 갖고, 그 일을 행했다고 했다. 그리고 여섯째 나팔 때는 구체적으로 사람의 삼 분의 일이 죽는다고 기록했다. 그러나 이 내용에 있어 이해해야 할 것은 정확히 사 분의 일, 삼 분의 일이 죽임을 당하는 것이 아니라, 그만큼 많은 수의 사람들이 죽임을 당한다는 사실이다.

여섯째 나팔의 심판은 사람 삼 분의 일이 죽는 심판으로, 그때 사용되는 무기의 모양이 상징적으로 나타난다. 어떤 무기인지 정확히 알 순 없으나, 아마 최첨단 무기들이 사용될 가능성이 많으며, 전쟁에

참여한 대부분의 사람들과 전쟁의 소용돌이에 휘말린 많은 사람들이
죽임을 당하게 된다. 그럼에도 불구하고 사람들은 하나님에 대한 회
개를 하지 않고, 오히려 우상을 섬기는 가증한 일을 계속하게 된다.

일곱째 나팔의 심판(계 12:15~18)

일곱째 나팔 심판이 일어나기 전, 중간 계시로 계시록 10장과 11장
을 다루고 있다. 그리고 하나님의 마지막 심판인 일곱 대접 심판도,
그 심판이 시작되기 전, 13장, 14장, 15장을 통해 간단한 계시를 보여
주신다. 여기서 우리가 알고 넘어가야 할 사실은 심판을 전후한 하나
님의 중간 계시(7장, 10장 11장, 13장, 14장)는 단지 7년 환난시대에 일어
나는 계시만을 말하는 것이 아니라, 주님의 재림에 관련해 환난 전의
중요한 계시적 차원에서 이루어진 사건들도 일부 다루고 있다는 사실
이다(계 12장). 자칫 중간 계시에 나타난 사건들을 모두 7년 대환난 중
에 일어나는 사건으로 보게 되면 계시록을 잘못 이해하게 되는 실수
를 범하게 된다.

하나님의 일곱 나팔 심판을 기점으로 전 3년 반의 환난이 마무리
되고, 후 3년 반의 심판이 계시록 15장에서 나타나며, 16장부터는 본
격적인 마지막 심판이 진행된다.

후 3년 반에 들어가기 전 일어나는 중요한 사건으로 두 증인의 등
장(11장)과 교회의 보호(12장), 세계정부의 무서운 박해(13장), 짐승의

표 강제 이식(13장) 등이 나타나고 있다. 특히 짐승의 표는 전 3년 반의 마지막 심판 이후, 짐승(적그리스도)에 의해 강제적으로 이식됨을 말하고 있으며, 14장에서 이 짐승의 표를 받은 사람은 모두 짐승에게 절하나, 짐승의 표를 받지 않은 그리스도인들에 대한 무서운 박해가 있음을 증거하고 있다. 성경은 성도들에게 끝까지 인내할 것을 당부한다. 계시록 14장 12절이다.

성도들의 인내가 여기 있나니 저희는 하나님의 계명과 예수 믿음을 지키는 자니라

후 삼년 반과 일곱 대접의 심판(계 16:1~21)

일곱 대접 심판은 하나님의 마지막 심판으로(15:1), 주님의 재림 준비를 하는 이 땅에서의 마지막 재앙의 성격을 띠고 있다. 일곱 인, 일곱 나팔, 그리고 일곱 대접 심판을 끝으로, 예수님의 재림에 대한 준비는 마무리되고, 계시록 16장, 18장을 통해 약간의 부연 설명을 한 뒤, 19장에서 주님의 재림이 이루어진다.

첫째 대접 심판(계 16:2)

첫째가 가서 그 대접을 땅에 쏟으며 악하고 독한 헌데가 짐승의 표를 받은 사람들과 그 우상에게 경배하는 자들에게 나더라

첫째 대접 심판은 짐승의 표를 받은 사람들과 그 우상에게 경배한 사람들에 대한 심판으로, 악하고 독한 헌데가 나는 심판이다. 악하고 독한 헌데는 궤양이 생겨 만들어진 독한 부스럼을 의미한다. 하나님의 신실된 백성들은 짐승의 표를 받지 않기 때문에 이 재앙을 받지 않으며, 비록 하나님을 믿진 않지만 개인적 사상으로 짐승의 표를 받지 않은 사람들도 이 재앙을 받지 않는다. 그러나 짐승의 표를 받아 짐승에게 경배하는 사람들에게만 생기는 이 악한 부스럼은 피부에 생기는 치명적인 전염병일 수도 있고, 표를 받은 데 대한 부작용의 하나일 수도 있으나, 정확히 알 순 없다.

둘째, 셋째 대접 심판(계 16:3~4)

둘째가 그 대접을 바다에 쏟으매 바다가 곧 죽은 자의 피같이 되니 바다 가운데 모든 생물이 죽더라 셋째가 그 대접을 강과 물 근원에 쏟으매 피가 되더라

둘째, 셋째 대접에 대한 심판은 바다와 강에 대한 심판으로, 바다의 생물들이 죽게 되고, 강물이 피같이 되므로 사람들은 물을 마실 수 없게 된다.

넷째 대접 심판(계 16:8~9)

넷째가 그 대접을 해에 쏟으매 해가 권세를 받아 불로 사람들을 태우니 사람들이 크게 태움에 태워진지라 이 재앙들을 행하는 권세를 가지신 하나님의 이름

을 훼방하며 또 회개하여 영광을 주께 돌리지 아니 하더라

해가 권세를 받아 사람들을 태우는 재앙으로, 사람들이 이 재앙으로 말미암아 사람들은 크게 태워지게 된다.

다섯째 대접 심판(계 16:10~11)

또 다섯째가 그 대접을 짐승의 보좌에 쏟으니 그 나라가 곧 어두워지며 사람들이 아파서 자기 혀를 깨물고 아픈 것과 종기로 인하여 하늘의 하나님을 훼방하고 저희 행위를 회개치 아니 하더라

다섯째 대접 심판은 짐승의 보좌에 그 대접을 쏟아부음으로, 짐승의 나라가 어두워지게 되며 사람들은 자기 혀를 깨물 정도로의 극심한 아픔을 느낀다. 이러한 심판이 하나님으로부터 온 것이라는 사실을 알아도 저들은 자기들의 행위를 회개치 않는다.

여섯째 대접 심판(계 16:12~16)

또 여섯째가 그 대접을 큰 강 유브라데에 쏟으매 강물이 말라서 동방에서 오는 왕들의 길이 예비되더라 또 내가 보매 개구리 같은 세 더러운 영이 용의 입과 짐승의 입과 거짓 선지자의 입에서 나오니 저희는 귀신의 영이라 이적을 행하여 온 천하 임금들에게 가서 하나님 곧 전능하신 이의 큰 날에 전쟁을 위하여 그들을 모으더라 보라 내가 도적같이 오리니 누구든지 깨어 자기 옷을 지켜 벌거벗고 다

니지 아니하며 자기의 부끄러움을 보이지 아니하는 자가 복이 있도다 세 영이 히브리 음으로 아마겟돈이라 하는 곳으로 왕들을 모으더라

여섯째 대접 심판은 전쟁을 위한 길이 준비되는 심판으로, 더러운 세 영들이 아마겟돈으로 사람들을 모아 전쟁 준비를 하게 된다.

일곱째 대접 심판(계 16:17-21)

일곱째가 그 대접을 공기 가운데 쏟으매 큰 음성이 성전에서 보좌로부터 나서 가로되 되었다 하니 번개와 음성들과 뇌성이 있고 또 큰 지진이 있어 어찌 큰지 사람이 땅에 있어 오므로 이같이 큰 지진이 없었더라 큰 성이 세 갈래로 갈라지고 만국의 성들도 무너지니 큰성 바벨론이 하나님 앞에 기억하신 바 되어 그의 맹렬한 진노의 포도주 잔을 받으매 각 섬도 없어지고 산악도 간데 없더라 또 중수가 한 달란트나 되는 큰 우박이 하늘로부터 사람들에게 내리매 사람들이 그 박재로 인하여 하나님을 훼방하니 그 재앙이 심히 큼이러라

일곱째 대접 심판은 하나님의 마지막 심판이다. 심판에 대한 종결음성이 들리며, 이 땅에는 큰 지진이 나고, 전쟁을 준비한 모든 자들, 즉 만국의 성들이 무너지며, 하나님을 대적해온 큰 성 바벨론이 하나님의 맹렬한 진노의 포도주 잔을 받게 된다. 이로써 큰 성 바벨론이 멸망케 된다.

이상과 같은 일곱 대접의 모든 심판은 불신자들에 대한 심판의 성

격을 갖고 있다. 이들은 하나님의 심판임을 알면서도 전혀 회개치 않으며, 오히려 하나님을 더욱더 훼방하는 죄악을 범한다. 이게 인간의 모습이다. 자신들의 잘못도 알고, 모든 심판이 하나님의 심판이란 사실을 알고서도, 이들은 자기들의 행위를 회개하지 않고, 오히려 더욱더 사악해져 하나님을 대적하는 무서운 죄를 더한다. 계시록 22장 11절의 말씀을 보자.

> 불의를 하는 자는 그대로 불의를 하고 더러운 자는 그대로 더럽고 의로운 자는 그대로 의를 행하고 거룩한 자는 그대로 거룩되게 하라

오늘날의 시대는 하나님을 대적하는 불의의 시대다. 이러한 시대에 불의한 자는 그대로 불의를 행하게 되고, 더러운 자는 그대로 더럽게 되며, 의로운 자는 그대로 의를 행하며, 거룩한 자는 거룩되게 된다. 이 말씀은 우리 그리스도인이 세속적으로 가면 더욱더 세속화되고, 신앙적으로 가면 더욱더 신앙적이 된다는 말씀으로 이해할 수 있다. 그렇기 때문에 세속적 방향으로 항해하는 인생의 키를 신앙적으로 빨리 돌려야 한다. 그렇지 않으면, 불의한 세속적 행위가 그대로 진행되어 사탄의 무서운 박해를 이겨낼 수 없게 될 것이다.

많은 목회자나 성도들이, 환난 전 휴거를 믿으며, 환난 전에 세계적 3차 전쟁이 터질 것으로 예견하나, 이는 잘못된 것이다. 휴거는 환난의 마지막 때 그리스도의 재림과 동시에 일어나며, 3차 전쟁도, 후 3년 반의 마지막 심판 때 일어나는 사건이다. 이미 인의 심판과 나팔

심판을 통해 많은 전쟁이 치러졌다. 이러한 전쟁과 하나님의 재앙으로 이 지구는 거의 폐허 상태에 놓여 있다. 일곱 대접 심판 전에 마지막으로 응집한 일단의 세력들이 아마겟돈에서의 전쟁을 준비하나, 이 전쟁도 하나님의 심판으로 하나님을 대적하는 모든 무리들이 제대로 전쟁도 해보지 못한 채 그리스도의 재림으로 패하게 된다.

하나님의 말씀은 단 한 치의 오차나 틀림이 없다. 성경이 하나님의 말씀인 사실은 성경 자체가 증명하나, 불신자들은 성경 자체를 믿지 않기 때문에 이 자체마저 부정해 버린다. 그러나 성경 자체의 증거가 아니더라도, 성경에 나타난 계시의 정확성, 성경의 일관성 등이 모두가 성경이 하나님의 말씀임을 충분히 증거하고 있다.

성경에 7년 환난이란 직접적 언급은 없으나, 하나님의 이 땅에 대한 환난 기간은 마지막 한 이레의 시작부터 마무리까지로 보는 것이 옳다고 보아진다. 다니엘서에 계시한 70이레의 예언 중, 69이레의 예언이 이미 성취되었고, 남은 마지막 한 이레의 시작이 적그리스도가 등장하는 시점으로부터 7년간 이어짐을 다니엘서는 정확히 알려주고 있다(단 9:26~27).

혹자는 7년 환난을 하나의 상징으로 보기도 하나, 그렇게 보기엔 그 상황이 너무 구체적이고, 그 기간도 너무 정확히 나타나고 있다. 그렇기 때문에 7년간의 환난 기간을 상징으로 보기는 어렵다. 이 7년 환난을 상징으로 보게 되면, 뒤에 나타나는 천년왕국도 상징으로 보아야 한다. 그러나 성경을 이렇게 보기에는 너무 많은 무리가 따른다. 단 주의해야 할 것은 7년이란 숫자의 기간에 대해선 우리가 쉽게 접근하긴 어렵다는 점이다. 왜냐하면 현재 우리가 사용하는 그레고리, 즉 태양력과 성경에서 말하는 날에 대한 일수가 같지 않기 때문이다. 그렇기 때문에 현재 우리가 사용하는 날의 개념으로 7년의 날을 정확히 산출한다는 것은 옳지 않다.

하나님의 인의 심판, 나팔 심판, 대접 심판의 모든 심판은 7년으로 종결된다. 7년 안에 이 모든 재앙이 임하니, 얼마나 두려운 일이 되겠는가. 하나님의 심판은 비록 세 부분으로 나뉘어져 있지만, 이 모든 재앙들은 결국, 하나님을 믿지 않고 짐승의 정부에 속하는 인간에 대한 심판으로 귀결된다. 천체나 자연을 통해서 심판하는 것도 모두 이들에 대한 심판의 한 방편이다.

하나님께서는 자신을 대적하는 무리들을 7년이라는 기간 동안 심판하시지만 이 기간은 역으로 하나님의 백성들을 구원하시는 마지막 기간이 되기도 한다. 하나님을 신실되이 믿어 온 자신의 모든 백성들을 구원해 주시고, 재림하시는 주님과 함께 이 땅을 새로이 바꾸어 주님과 더불어 주님의 왕국에 살도록 하기 위해, 악의 무리들을 제거하는 기간이 대환난의 기간이 된다.

인과 나팔과 대접 심판의 핵심 내용은, 지구 상의 전쟁, 자연재해, 각종 질병 등으로 압축·요약할 수 있다. 이러한 하나님의 모든 심판을 보고도, 인간들은 끝까지 회개하지 않고 하나님을 대적하게 될 것이다. 왜냐하면 하나님의 자녀가 아니기 때문이다. 그러나 하나님의 자녀들은 회개와 아울러 주님의 보호하심으로 이 환난을 무사히 이겨 갈 것이다.

4차 산업혁명의 결과로 사람들은 새로운 시대와 새로운 삶을 기대하며 희망에 부풀어 있을 것이나, 이는 헛된 꿈이다. 어느 정도의 새로운 시대, 새로운 삶을 통한 평화와 번영, 그리고 안정을 가질 수 있을 것이나, 그 모든 것이 하나님을 대적하는 형태로 변질되어, 결국 하나님의 심판으로 무너지게 된다. 인간이 아무리 뛰어난 연구를 해, 인공지능을 만들고, 유전자를 조작해 다양한 생명체를 복제하며, 사람들의 모든 질병을 치료하고, 장수하며, 더 나아가서는 영생불사할 수 있는 기술을 가지게 된다 하더라도, 그러한 인간의 염원은 이루어질 수 없다. 하나님의 모든 법칙을 무시하고 진행되는 인간에게 대환난이라는 하나님의 심판이 기다리고 있기 때문이다.

이제 우리는 하나님의 심판을 지연시키거나, 막을 수 없다. 하나님의 진노를 피하기엔 너무 늦어 버렸다. 인류에게 있어 유일한 희망이 있다면, 예수 그리스도를 구주로 받아들이는 길뿐이다. 그리스도만이 이 땅의 모든 문제를 해결할 수 있는 유일하신 분이시다. 그러나 앞으로의 세계는 더욱더 주님을 대적하는 패역의 시대로 나아갈 것이며, 하나님과 같아지고자 하는 인간의 바벨탑은 한없이 높이 올라갈 것이다.

CHAPTER ⑮
그리스도의 재림

주님의 재림에 대해 논하기에 앞서 예레미야 5장 30~31절을 잠시 살펴보고 이야기해 보자.

이 땅에 기괴하고 놀라운 일이 있도다 선지자들은 거짓을 예언하며 제사장들은 자기 권력으로 다스리며 내 백성은 그것을 좋게 여기니 그 결국에는 너희가 어찌 하려느냐

예레미야 시대 때 이스라엘 민족의 패역은 극에 달했다. 사회적 패역은 말할 것도 없었지만, 종교적 패역도 말할 수 없을 정도로 심했다. 이스라엘 민족에게 사회적 패역은 종교와 밀접한 관계를 갖고 있다. 이들은 하나님으로부터 직접 부름받은 민족이기 때문에, 이들의 모든 삶의 형태는 종교를 떠나선 생각할 수 없는 삶이었다. 그렇기 때문에 이들에게 있어서는 사회적 패역에 앞서 종교적 패역이 일어난 것이 당연한 일이다.

예레미야는 이 땅에 기괴하고 놀라운 일이 있다고 말한다. 기괴하다는 말은 두렵다, 무섭다는 말이다. 다시 말하면, 이 땅에 정말 무섭고 두려우며 놀라운 일이 일어나고 있다는 의미이다. 그 내용이 31절

에 나타나는데, 선지자들이 거짓을 예언하고, 제사장들이 자기 권력으로 다스리며, 더 나아가서는 백성들이 그러한 일들을 좋게 여긴다고 하였다. 여기서 좋게 여긴다는 말은 그 패역을 사랑한다는 것이다. 거짓 예언을 사랑하고, 패역한 선지자와 제사장들을 따라가는 것을 즐거이 한다는 내용이다.

오늘날의 시대가 그렇지 않은가. 곳곳에 기독교란 미명하에, 거짓 예언들이 판을 치고, 성도들은 그 거짓을 분별하지도 못하고, 그 거짓을 사랑하며, 거짓 선지자들을 쫓아가는 시대다. 섬김을 행해야 할 목회자들은 섬김받기를 우선하고, 자신의 권력과 명예를 위해 쫓아가는 시대가 아닌가.

현재 우리들의 사회뿐만 아니라, 전 세계적으로 하나님의 진노를 받기에 이미 충분한 시대로 들어섰다. 그래도 하나님은 우리들을 사랑해, 구원의 손길을 베풀고 있지만 어느 순간 그 손길을 거두어가고 진노의 심판으로 이 세상을 징벌할 것이다.

하나님의 이 세상 심판은 곧 바로 주님의 재림으로 이어진다. 비록 힘든 대환난이라는 과정이 남아 있지만, 주님을 믿는 믿음의 백성은 이 환난으로부터 반드시 보호하심을 받게 된다. 예수님은 정말 오셔야 한다. 왜냐하면, 이 땅의 대환난 기간 동안 모든 그리스도인들은 전멸을 당할 수 있기 때문이다. 그렇기 때문에 자신의 백성들을 위해서라도 주님은 꼭 오셔야 한다. 그리고 반드시 올 것이다.

　4차 산업혁명은 주님의 재림이 가까이 다가왔음을 현실적으로 알려주는 일들이다. 만약 4차 산업의 시대가 마무리되면서, 한층 더 업그레이드된 5차 산업 시대에 들어가게 된다면, 성경이 거짓이 되고, 하나님은 거짓의 하나님의 되며, 이 땅에 신에 대한 존재는 잊힐 것이다.

　4차 산업혁명의 정점은 결국 인간의 생명을 인간이 마음대로 할 수 있다는 사실이다. 죽일 수도, 살릴 수도, 수명을 짧게 하기도, 길게 하기도 하며, 인간을 마음대로 생산할 수도 있게 된다. 이런 세상이 진행되고 있음에도 불구하고, 주님이 오시지 않는다면 성경의 모든 가르침은 거짓이 된다.

　예수그리스도의 재림은 성경의 모든 예언 중 마지막으로 남은 예언이다. 단 하나의 예언도 틀림없이 이뤄진 것처럼, 그리스도의 재림도 반드시 이루어질 것이다. 예수님은 주님을 믿지 않고 배척하는 바리새인들에게 다음과 같이 말씀하신다. 마태복음 16장 3절의 말씀이다.

> 아침에 하늘이 붉고 흐리면 오늘은 날이 궂겠다 하나니 너희가 천기는 분별할 줄 알면서 시대의 표적은 분별할 수 없느냐

　현대를 살아가는 우리 그리스도인들은 비록 성경의 내용을 하나하나 분석해 재림에 대한 어필을 하지 않아도, 시대의 분별을 통해 주님 재림의 때가 가까웠음을 알아야 한다. 바리새인과 같은 율법·형식주의자들, 그리고 사두개인과 같은 시대와 타협하는 자들, 대제사장들처럼 자기의 권위를 지키려는 자들, 그리고 이들이 좋다고 따라가

는 성도들은, 아무리 시대의 표적이 나타난다 하더라도, 분별하지 못할 것이다.

우리의 삶이 아무리 바쁘더라도 생명과 바꿀 순 없다. 바쁨의 순간순간에도 언제나 시대의 표적을 분별해 주님이 재림을 대망하며 믿음을 더욱더 공고히 다져나가야 한다. 이 세대는 한순간에 우리도 상상치 못할 세상으로 급변하게 될 것이다.

2030년에서부터 2050년 사이의 혁신적 변화를 지켜보라. 세계정부의 탄생이나, 세계경제의 통합, 세계화폐의 등장, 짐승의 표(칩)의 대량이식, 교회의 무서운 배도 등의 일들이 나타나고, 새로운 복제가 어떻게 이뤄지는지. 이는 눈여겨보아야 할 사안이다.

성도에겐 3가지의 눈이 필요하다. 자신을 보는 눈, 영의 세계를 보는 눈, 현시대를 보는 눈이다. 이 눈들이 열려야 자신을 보고 영의 세계를 판단하며 현시대의 흐름을 알 수 있다. 우리의 신앙이 이 세대를 향해 달려간다면 더 시간이 가기 전 돌아서야 한다.

그리스도의 재림은 확실히 일어난다. 그것도 머지않은 미래에 일어날 것이다. 만약 그리스도의 재림이 믿기지 않으면, 당신은 거듭난 주님의 자녀가 아니다. 믿음을 달라고 기도하거나, 그래도 안 믿겨지면 그냥 교회를 떠나 세상에서 볼 재미 다 보고 재미있게 살다 멸망당하는 게 낫다. 혹은 재림이 좀 늦게 이루어지기를 바란나민 당신은 세속에 취해 있는 자다. 그리스도의 재림은 모든 주님을 믿는 모든 자들의 현재의 간절한 소망이다.

먼 하늘 이상한 구름만 떠도 행여나 내 주님 오시는가 해

고 손양원 목사님의 주님 고대가 중 일부다.

주님을 섬기는 올바른 성도는 언제나 재림적 신앙을 견지하고 있어야 한다. 이제 얼마 남지 않았으니, 조금만 더 인내하자. 그러면 주님의 재림을 맞이할 수 있을 것이다. 주님의 장엄한 재림에 대해 계시록 19장 11절부터 21절까지 기록하고 있다.

또 내가 하늘이 열린 것을 보니 보라 백마와 탄 자가 있으니 그 이름은 충신과 진실이라 그가 공의로 심판하며 싸우더라 그 눈이 불꽃 같고 그 머리에 많은 면류관이 있고 또 이름 쓴 것이 하나가 있으니 자기밖에 아는 자가 없고 또 그가 피 뿌린 옷을 입었는데 그 이름은 하나님의 말씀이라 칭하더라 하늘에 있는 군대들이 희고 깨끗한 세마포를 입고 백마를 타고 그를 따르더라 그의 입에서 이 한 검이 나오니 그것으로 만국을 치겠고 친히 저희를 철장으로 다스리며 또 친히 하나님 곧 전능하신 이의 맹렬한 진노의 포도주 틀을 밟겠고 그 옷과 그 다리에 이름 쓴 것이 있으니 만왕의 왕이요 만주의 주라 하였더라 또 내가 보니 한 천사가 해에 서서 공중에 나는 모든 새를 향하여 큰 음성으로 외쳐 가로되 와서 하나님의 큰 잔치에 모여 왕들의 고기와 장군들의 고기와 장사들의 고기와 말들과 그 탄 자들의 고기와 자유한 자들이나 종들이나 무론 대소하고 모든 자의 고기

를 먹으라 하더라 또 내가 보매 그 짐승과 땅의 임금들과 그 군대들이 모여 그 말 탄 자와 그의 군대로 더불어 전쟁을 일으키다가 짐승이 잡히고 그 앞에서 이 적을 행하던 거짓 선지자도 함께 잡혔으니 이는 짐승의 표를 받고 그의 우상에 게 경배하던 자들을 이적으로 미혹하던 자라 이 둘이 산 채로 유황불 붙는 못 에 던지우고 그 나머지는 말 탄 자의 입으로 나오는 검에 죽으매 모든 새가 그 고기로 배불리우더라

수많은 연합세력들이 주님을 대적하고 성도들을 대적하며 무너뜨 리려 했으나, 결국 이들은 주님의 재림으로 심판을 받게 된다.

예수님이 재림할 때 자는 자들이 먼저 일어나고(부활), 살아 있는 우 리도 변화해 공중에서 주님을 만나(휴거) 백마 탄 자를 따르며 이 땅 을 심판하게 될 것이다. 주님의 이 땅 심판은 활과 칼이 아니라, 그의 입으로부터 나오는 말씀이다. 그의 입의 말씀이 검이 되어 이 땅의 모든 대적자들을 심판하실 것이다.

주님은 만왕의 왕, 만주의 주로서 이 땅에 재림해 짐승이 잡히고, 그 앞에서 이적을 행하던 거짓 선지자도 함께 잡혀 산 채로 유황불 붙는 못에 던짐을 당할 것이다. 거기서 약 1,000년 동안 고통을 받게 될 것이다.

CHAPTER ⑯
천년왕국과
백 보좌 심판

예수님의 재림으로 이 땅은 새로이 정비되고, 예수님이 왕으로 그의 성도들과 1천 년간 이 땅을 다스리게 된다. 천년왕국(Millennium)에 대한 신학적 제 의견들이 있으나 일단 성경에 나타난 그대로 보면, 이 세상이 평화와 안전에 취해 있을 때 하나님의 대 심판이 이루어지고, 이 재림으로 그동안 인간을 미혹하고 하나님의 백성들을 박해한, 적그리스도와 짐승이 무저갱의 심판을 받게 된다. 지구상의 대환난인 하나님의 심판이 끝나게 되면 예수 그리스도가 하늘로부터 재림해 주의 백성들과 함께 이 땅에서 1천 년 동안 살게 된다. 계시록 20장에 천년왕국에 대한 안내가 나오고 있다. 계시록 20장 1절부터 5절까지이다.

또 내가 보매 천사가 무저갱 열쇠와 큰 쇠사슬을 그 손에 가지고 하늘로서 내려와서, 용을 잡으니 곧 옛 뱀이요 마귀요 사단이라 잡아 일천년 동안 결박하여, 무저갱에 던져 잠그고 그 위에 인봉하여 천 년이 차도록 다시는 만국을 미혹하지 못하게 하였다가 그 후에는 반드시 잠깐 놓이리라. 또 내가 보좌들을 보니 거기 앉은 자들이 있어 심판하는 권세를 받았더라 또 내가 보니 예수의 증거와 하나님의 말씀을 인하여 목 베임을 받은 자의 영혼들과 또 짐승과 그의 우상에게 경배하지도 아니하고 이마와 손에 그의 표를 받지도 아니한 자들이 살아서 그리스도로 더불어 천 년 동안 왕 노릇하니 (그 나머지 죽은 자들은 그 천 년이 차기까지 살지 못하더라) 이는 첫째 부활이라

천년왕국에 대한 제 견해는 무 천년설, 후 천년설, 전 천년설이 있으며, 전 천년설은 다시 역사적 전 천년설과 다비즘이라 하는 세대주의적 전 천년설로 나뉜다.

무 천년설(Amillennialism)

무 천년설이란 1,000이란 숫자를 상징으로 해석하여, 하나님의 복음이 이 땅에 지속적으로 전파되면서 이 땅이 점차적으로 천국과 같은 왕국의 시대로 변해 간다는 견해다. 이 주장은 일천 년의 기간이 따로 정해진 것이 아니라, 그리스도의 초림 때부터 이미 천년왕국이 시작되었다고 보는 견해인데, 이 견해는 이미 그리스에서 시작된 우화적 해석이 필로와 오리겐을 통해 교회 안에 보급되었던 것을 어거스틴이 체계화시킨 것이다.

1,000년이란 시간은 정해진 1,000년의 시간이 아니라, 10의 숫자에 100을 곱한 것으로 완전수인 10이 100번 이루어지는 완전한 무시간적 개념을 갖는다. 이 사상은 비록 개혁자들의 많은 지지를 받아 왔으나, 성경적이지 않다는 견해가 지배적이다.

만약 여기서 1,000년을 무한한 시간의 상징으로 본다면, 재림에 앞선 대환난, 그리스도의 재림 등도 믿기 힘들게 된다. 주님의 천년왕국 통치가 이루어지지 않기 때문에, 재림이 무의미해진다. 새로운 신천 신지 시대의 도래도, 이미 이 땅에 천년왕국이라는 세계가 이루어져 인간이 살게 되는데 무슨 의미가 있겠는가. 왕국 시대와 더불어 나타나는 사탄의 결박, 그리고 일천 년 후 잠시 동안의 사탄의 풀림, 뒤이어 나타나는 백 보좌 심판과 새로운 하늘과 땅, 이 모두에 대한 개념이 상징적으로 풀어야 될 난제이다.

이 사상은 종교개혁자 루터와 칼빈이 주장했고, 아브라함 카이퍼, 헤르만 바빙크 등의 개혁파 목사들이 주장했다. 조직신학자인 루이스 벌콥, 윌리암 헨드릭슨, 랜스킨, 해밀턴, 간하배, 피터스, 영, 보스 등의 세계적 개혁신학파의 학자들이 무 천년주의 사상을 지지하고 있다.

후 천년설(Postmillennialism)

후 천년설 또한 무 천년설과 비슷한 내용을 많이 담고 있는 개념이다. 그리스도가 재림하기 전 먼저 이 땅에 천년 왕국이 이루어진다는 사상이 후 천년설이다. 이 역시 무 천년설과 마찬가지로, 복음의 전파로 인해 이 땅에서의 번영과 평화가 이루어진다는 개념으로, 종교개혁 이후 기독교의 급속한 발전으로 말미암아 계몽주의가 등장한

17세기 이후에 그 절정을 이루었다. 그러나 이 주장은 인본주의적 성격이 강하고, 1, 2차 세계 대전 등 현실과 성경과 전혀 어울리지 않는 일들이 뒤이어 너무 많이 일어나서 받아들여지지 않았다.

현대에 들어서는 '신율적 후 천년설(Theocracy millennialism)'이라는 후 천년설의 진화 버전이 나왔는데, 이들의 주장을 요약하자면 '세상이 완성되기 위해서는 우리 그리스도인들이 시민사회와 정치판에서 노력해야만 한다'는 것이다.[32]

후 천년설의 대표적인 인물로 다니엘 휘트비, 코체유스, 알팀, 비트링가, 워필드, 로레인 뵈트너 등이 있다.

전 천년설(Premillennialism)

전 천년설은 예수 그리스도 재림이 먼저 일어 난 후 이 땅에 현실적으로 1,000년 동안 왕국이 이루어진다는 견해로, 역사적 전 천년설과 세대주의적 전 천년설로 나뉘어져 있다.

초대교회 이후 대부분의 성도는 역사적 전 천년설을 자연스럽게 받

---

32) 출처: 위키 백과

아들였고 인정했다. 이들은 이 땅에 대환난이 먼저 일어나고 이후 그리스도의 재림이 이루어진다는 성경의 내용을 그대로 받아들인 사람들이다. 그러나 이러한 역사적 전 천년설에 19세기에 등장한 넬슨 다비에 의해 만들어진 세대주의적 견해가 더해지면서 새로운 세대주의적 전 천년설이 등장하게 되었다.

넬슨 다비에 의해 만들어진 세대주의적 전 천년설은 현대의 많은 목회자와 성도들이 미혹되어 있는 무서운 교리다. 미국으로 넘어간 이 교리는, 후 천년설의 문제로 갈등을 느끼던 미국 내 교회에 단비처럼 다가왔다. 넬슨 다비의 세대주의적 전 천년설은 미국의 스코필드에 의해 더욱더 확장, 이 사상이 우리나라에 유입되면서 우리나라 대부분의 목회자와 성도들이 초대 교회 때부터 믿어 왔던 역사적 전 천년설이 아니라, 다비에 의해 만들어진 세대주의적 전 천년설을 받아들이게 되었다. 세대주의적 전 천년설에서 휴거가 나왔다.

역사적 전 천년설

천년왕국은 예수 그리스도의 재림 이후 나타난다는 사상으로 초대 교회 이후 초기 로마제국이 기독교를 핍박해 기독교인들이 지하무덤인 카타콤에 숨어 신앙을 지키면서 이어져 왔던 성경적 사상이다. 단지 이들은 천년왕국이 그리스도의 재림 이후 이루어진다는 사실에 있어서는 의심의 여지가 없지만, 1,000년이란 시간은 확실치 않은 시간으로 본다. 대표적인 사람은 터툴리안, 이레니우스, 순교자 저스틴 등이며, 우리나라에는 박형룡, 박윤선 등과 같은 신학자들이 있다.

세대주의적 전 천년설

세대주의적 전 천년설은 영국의 넬슨 다비에 의해 만들어진 사상으로, 이 사상은 예수회 신부였던, 임마누엘 라쿤자의 사상에 영향을 받은 것이다. 예수회 소속인 라쿤자는 그리스도가 재림하기 전 이 땅에 대환난이 닥치나, 예수회에 속한 모든 사람들은 먼저 공중으로 들림 받아 대환난을 받지 않는다는 주장을 그의 저서 『영광과 위엄의 구주 오심』이라는 책에서 밝히고 있다. 이러한 라쿤자의 사상을 영국의 이단 목사인 어빙이 받아들여 전파하였으며 어빙의 이러한 주장을 체계화시켜 교리화한 사람이 넬슨 다비다. 넬슨 다비는 역사를 일곱 시대로 구분하여, 각 시대마다 하나님이 성도들을 다른 방법으로 이끈다고 가르치면서, 구원 역시 시대마다 다르게 적용된다는 무서운 이단사상을 가르친 사람이다. 이들이 말하는 일곱 시대는 다음과 같이 나뉜다. 무죄(Innocence)시대, 양심(Conscience)시대, 인간통치(Human Government)시대, 약속(Promise: Patriarchal Rule)시대, 율법(Law)시대, 은혜(Grace)시대, 천년왕국(Kingdom Millennium)시대이다.

이러한 넬슨 다비에 의해 나온 사상이 환난 전 휴거설이다. 성도는 이 땅에 대환난이 오기 전 먼저 공중에서 주님을 만나는 공중 재림(휴거)과 대환난 후 이 땅을 심판하러 오시는 그리스도의 지상 재림이라는 이중 재림을 그 특징으로 한다. 이 사상은 넬슨 다비 개인에 의해 연구된 사상이 아니라, 기독교를 무너뜨리려는 예수회 신부인 임마누엘 라쿤자의 사상을 기반으로 한 사상이다.

우리 한국교회와 성도들은 이들의 잘못된 사상을 성경적 검토 없이 맹목적으로 받아들여 대부분이 환난 전 휴거를 믿고 있다. 무서운 일이다. 속히 이러한 사상에서 빠져나와 성경적으로 돌아오기를 바란다. 대표적인 인물로 스코필더, 홀린세이, 조지 뮐러, 피터 럭크만, 우리나라에서 이단으로 규정된 말씀보존학회의 이송오, 순복음중앙교회의 조용기 목사 등이 있다.

우리는 여기서 잠시 생각하고 넘어가야 할 사안이 있다. 그것은 계시록에서 나타나는 숫자에 대한 문제다. 요한 계시록에 나타나는 숫자는 대부분 상징적 성격이 강하지만, 모두가 그런 것은 아니다. 특히 연대를 나타내는 수는 현대의 연수로 계산해선 안 된다. 왜냐하면 현대의 1년은 365일이지만, 성경에서 가르치는 1년은 360일이고, 옛날 유대인들이 사용하던 종교력에서는 1년을 354일로도 계산했기 때문이다. 그렇기 때문에 현대의 개념으로 연수에 대해 날짜를 계산하면 충분히 오차가 생길 수 있다.

다니엘서에서 계시한 70이레도, 한 이레가 7년이지만 날수로 계산하면, 360에 7을 곱해, 2,520이 된다. 그러나 오늘날의 7년은 365에 7을 곱해 2,555일이 된다. 그렇기 때문에 성경에 계시한 7년 대환난의 날짜 계산도 우리는 정확히 할 수 없으며, 천년왕국 시대의 1,000년도 정확한 날짜 계산은 불가능하다. 얼마간의 오차를 두고 연대와 날짜를 고려해 이 문제에 접근해야 한다. 그렇기 때문에 우리는 예수님의 재림 날짜를 정확히 알 수 없게 되는 것이다.

백 보좌 심판

그리스도의 재림으로 이 땅에는 그리스도가 통치하는 세상이 온다. 그 기간은 우리 시간으론 정확히 알 수 없지만 성경에 기록된 대로 약 1,000년간 이어질 것이다. 주님이 통치하는 천년왕국 동안에 이 땅을 미혹하던 사탄은 무저갱 속에 갇혀 1,000년을 지내게 된다. 이 1,000년의 기간 동안 이 땅에서 사람들이 살게 되며, 일부는 죽음을 당하지 않게 될 것이고, 일부는 죽음을 맛보게 될 것이다. 천년왕국에 들어가서 살게 될 사람들은 계시록 20장 4절에서 밝히고 있다.

또 내가 보좌들을 보니 거기 앉은 자들이 있어 심판하는 권세를 받았더라 또 내가 보니 예수의 증거와 하나님의 말씀을 인하여 목 베임을 받은 자의 영혼들과 또 짐승과 그의 우상에게 경배하지도 아니하고 이마와 손에 그의 표를 받지도 아니한 자들이 살아서 그리스도로 더불어 천 년 동안 왕 노릇 하니

천년왕국에 들어갈 사람들은 우선 그리스도를 위해 순교한 순교자들이다. 이들은 부활한 육체와 함께 이 땅에 살게 된다. 이들은 다시

죽음이 없는 불사의 몸이 되어 주님을 섬기게 된다. 이들에겐 두 번째 사망이 없다. 그리고 이들과 함께 천년왕국에서 살게 될 사람은 주님이 재림할 때까지 지상의 환난 동안 죽지 않고 살아 있는 사람들인데 이들은 짐승의 표를 거부한 사람들이다. 짐승의 표를 거부한 사람들 중, 한 종류는 믿음을 지키기 위해 짐승의 표를 거부한 사람들, 즉 성도들이고, 다른 한 종류는 주님에 대한 믿음은 갖지 않고 있으나 개인적으로 짐승의 표를 거부해 살아 있는 비그리스도인들이다. 그렇기 때문에 천년왕국 때는 죽임을 당해 부활한 주의 성도와 죽음을 맛보지 않고 주님을 섬기는 성도들 그리고 주님을 섬기진 않지만 짐승의 표를 받지 않은 일반 사람들이 함께 살아가며 자녀를 생산하면서 이 땅에서 약 1,000년간을 살게 될 것이다. 이 기간은 주님이 통치하는 기간이기 때문에, 대부분의 일반인들은 천국과 같은 날들을 보내게 될 것이다. 인간의 수명도 근 1,000년까지 늘어날 수 있을 것으로 보인다. 천년왕국에 대한 암시를 주는 이사야 65장 20절의 말씀은 다음과 같다.

> 거기는 날 수가 많지 못하여 죽는 유아와 수한이 차지 못한 노인이 다시는 없을 것이라 곧 백세에 죽는 자가 아이겠고 백세에 못되어 죽는 자는 저주받은 것이리라

주님이 다스리는 1,000년 동안 이 땅에는 전쟁과 고통이 없으며, 인간들은 천국과 같은 행복한 날들을 보내게 될 것이다. 이게 참되고 진실된 평화다. 그러나 여전히 문제는 남아 있다. 비록 그리스도가

이 땅의 통치자로 통치를 하고 있지만, 아직 이 땅에는 여전히 주님을 믿지 않는 많은 사람들이 남아 있다는 것이다. 주님의 통치 기간 동안 인간의 수도 많이 늘어날 것이며, 이들 중 주님을 자신의 구주로 받아들이지 않는 사람들도 많이 생기게 될 것이다. 하나님은 이들에 대한 최종 심판도 준비해 두고 계시는데, 이 심판이 백 보좌 심판이다.

그리스도가 통치하는 1,000년의 기간 동안 주님을 영접해 주님을 믿으면 다행이지만, 그러나 그렇지 못한 자들도 무수히 많이 생기게 될 것은 분명하다. 하나님께서는 이러한 무리들을 심판하기 위해 1,000년의 기간이 차는 순간, 무저갱에 가두어 두었던 사탄을 잠시 이 땅에 다시 보내어 사람들을 미혹하도록 허락하신다. 사탄은 이 기회를 이용해 그리스도를 따르지 않는 수많은 사람들을 규합해, 그리스도가 통치하고 있는 곳을 향해 최후의 공격을 단행한다. 이 내용은 계시록 20장 7절부터 15절 사이에 나타난다.

천 년이 차매 사단이 그 옥에서 놓여 나와서 땅의 사방 백성 곧 곡과 마곡을 미혹하고 모아 싸움을 붙이리니 그 수가 바다 모래 같으리라 저희가 지면에 널리 퍼져 성도들의 진과 사랑하시는 성을 두르매 하늘에서 불이 내려와 저희를 소멸하고 또 저희를 미혹하는 마귀가 불과 유황 못에 던지우니 거기는 그 짐승과 거짓 선지자도 있어 세세토록 밤낮 괴로움을 받으리라 또 내가 크고 흰 보좌와 그 위에 앉으신 자를 보니 땅과 하늘이 그 앞에서 피하여 간데 없더라 또 내가 보니 죽은 자들이 무론 대소하고 그 보좌 앞에 섰는데 책들이 펴 있고 또 다른 책이 펴졌으니 곧 생명책이라 죽은 자들이 자기 행위를 따라 책들에 기록된 대로 심판을 받으니 바다가 그 가운데서 죽은 자들을 내어 주고 또 사망과 음부도 그 가운데서 죽은 자들을 내어 주매 각 사람이 자기의 행위대로 심판을 받고 사망과 음부도 불 못에 던지우니 이것은 둘째 사망 곧 불 못이라 누구든지 생명책에 기록되지 못한 자는 불 못에 던지우더라

사탄과 규합한 모든 무리들은 그리스도를 향해 공격을 하게 되나, 하늘에서 불이 내려와 저희들을 소멸하며, 사탄과 그를 따르는 모든 자들은 영원히 고통을 받게 되고, 이어 하나님의 최후 심판의 선고가 내려진다. 이때는 주님이 재림할 때 부활하지 못한 불신자들이 모두 하나님 앞에서 부활해 그 행위에 대한 심판을 받는다. 이 심판에서 벗어날 사람은 아무도 없다. 그리고 아무런 변명도 소용이 없는 것은 그들의 모든 행위가 기록되어 있기 때문이다. 그러나 이미 부활해 부활체의 모습으로 사는 주의 백성과 1,000년의 기간 동안 그리스도를 믿고 따르는 모든 주의 백성들은 이 심판에서 제외된다. 이 심판이 두 번째 사망의 심판으로, 하나님의 생명책에 기록되지 못한 모든 자들이 불 못에 던져지며, 인간에게 죽음을 준 사망과 음부도 같이 심판을 받는다. 이제 하나님을 믿고 따르는 주의 백성들만이 남게 되면서, 하나님은 새로운 신천 신지로 이들을 인도해 영원히 그들의 아버지가 되신다. 그 내용이 계시록 21장 1절에서 4절 사이에 나타난다.

또 내가 새 하늘과 새 땅을 보니 처음 하늘과 처음 땅이 없어졌고 바다도 다시 있지 않더라 또 내가 보매 거룩한 성 새 예루살렘이 하나님께로부터 하늘에서 내려오니 그 예비한 것이 신부가 남편을 위하여 단장한 것 같더라 내가 들으니

보좌에서 큰 음성이 나서 가로되 보라 하나님의 장막이 사람들과 함께 있으매 하나님이 저희와 함께 거하시리니 저희는 하나님의 백성이 되고 하나님은 친히 저희와 함께 계셔서 모든 눈물을 그 눈에서 씻기시매 다시 사망이 없고 애통하는 것이나 곡하는 것이나 아픈 것이 다시 있지 아니하리니 처음 것들이 다 지나갔음이러라

괴롬 없고 죽음 없는 하늘나라 올라가 그 생명 강 물가에서 쉬게 되리라
천국에 편히는 해와 달과 별과 등불 없어도 하늘나라 밝은 빛이 찬란하게 비치네

영화롭고 아름다운 우리 본향 천국에서 주와 같이 영원히 살리라

– 찬 220장

CHAPTER 17
우리의 과제

우리 기독교는, 예수 그리스도가 십자가 위에서 우리를 대신해 죽음으로 우리의 죄가 용서받고 하나님의 자녀가 됨을 인정하는 사람들에 의해 만들어진 생명의 종교다. 세상 그 어떤 종교에서도 정확히 가르칠 수 없는, 인간의 기원, 죄의 기원, 죄의 문제, 죄로부터의 해방과 구원, 인류의 마지막, 인간의 영생에 대해 정확히 안내해 주는 하나님의 말씀인 성경을 경전 삼아 세워진 종교다.

역사 이래 수없이 하나님에 대한 도전과 말씀에 대한 도전이 있어 왔어도, 변함없이 우리 기독교는 강하게 자라 왔다. 죽음 앞에서도 담대했고, 모진 박해와 고난 가운데서도 찬양하며 승리해 왔다. 이러한 결과 기독교는 세계적 종교가 되었고, 하나님의 이름이 온 세상에서 영광을 받는 것 같은 착각을 가져왔다.

모진 박해 속에서도 믿음을 지키며 순교의 아름다운 희생제물의 결과로 자라고 성장한 우리 기독교, 이제 너무 비대해져서인지 곳곳에서 잡음이 끊이질 않고 있다. 같은 성도들 간의 불신은 팽배해질 대로 팽배해졌고, 기독교를 가장한 무서운 이단들이 교회 내 깊숙이 침투해 성도들을 무참히도 도륙하고 있는 현실이다.

교회의 배도는 이미 극에 달했고, 거짓 복음과 예언을 빙자한 거짓 선지자들이 난무하고 있다. 그럼에도 불구하고 교회는 아무런 대책이 없다. 설상가상으로 이제 교회는 4차 산업혁명이라는 역사 이래 최대의 적을 맞이하고 있다. 4차 산업의 공격은 인간의 가장 약한 부분을 정확히 진단해 그 약한 곳을 치료하며 우리에게 다가오고 있다. 아무런 형체도 없이, 아무런 냄새도 나지 않고, 아무도 볼 수 없는 듯이 우리 생활 깊숙이 다가오고 있다. 우리 교회는 4차 산업의 무서운 파괴력을 전혀 실감하지 못하며, 심지어 환영하며 맞이하는 교회도 있다. 왜냐하면 우리의 실생활과 밀접하게 연결되어 있으며 이단과 같은 종교적 냄새가 전혀 나지 않고, 그러면서도 우리의 삶에 너무 많은 도움을 주기 때문이다.

우리 성도들 중 4차 산업이 무엇인지 제대로 아는 사람들은 별로 없다. 그들이 지금 4차 산업의 혜택을 받고 살아가면서도 4차 사업이 무엇인지 모른다. 그리고 얼마나 무서운 것인지도 모른다. 우리 교회들은 4차 산업이 기독교 전체의 뿌리를 흔드는 산업임에도 아무런 대책 없이 맞이하고 있다.

앞으로 이삼십 년 내 4차 산업은 그 정점을 향해 달려갈 것이다. 이 산업은 인간이 신의 자리에 이르는 것을 완성으로 하는 무서운 산업이다. 이 4차 산업 속에는 인간의 인간됨을 완전히 파괴하는 무서운 사탄의 음모가 들어 있다. 인간의 인간됨은 하나님의 형상을 부여받음에 있다. 하나님의 형상을 따라 창조된 인간은, 이제 하나님의 형상이 아닌 인간의 능력과 기술로 인간을 만드는 시대로 들어가게 되었다. 인간들을 조정해 과학의 발전이나 문명의 발전이라는 합리적 대안으로 사탄이 그렇게도 원했던 하나님의 자리에 앉게 된 것이다. 머지않아 '트랜스 휴먼'이 나올 것이며, 이후 '포스트 휴먼'이 등장해, 인간의 인간됨을 완전히 파괴하고, 하나님의 형상이 없는 새로운 인간들의 시대가 될 것이다.

하나님을 알지 못하는 대부분의 사람들은 말할 것도 없고, 나아가서는 하나님을 믿는다는 사람들도 이러한 현실을 수긍하며, 흐르는 자연의 섭리로 치부해 이러한 세상에 취하게 될 것이다. 평안과 안정이 인간들의 삶을 영원히 이어 줄 시대라 착각할 것이다. 사물 인터넷의 연결을 통해 모든 삶이 천국과 같은 삶을 누리고 있다는 착각을 하게 될 것이다. 그러나 우리가 간과한 것이 있다. 바로 신의 존재, 즉 하나님의 존재하심이다. 세상 사람들이 인정하든 인정하지 않든, 온 우주와 이 지구는 하나님이 만드셨고, 그분의 창조원칙대로 돌아간다. 그런데 인간들은 이러한 하나님의 모든 법칙을 무시하고 있다. 인간들의 이런 행동에 대해 하나님은 절대 침묵하지 않으신다. 인간에 의해 건설된 거짓 평화는 하나님의 심판 아래 완전히 파괴될 것이다. 하나님을 무시하고, 하나님의 법칙을 어긴 인간의 평안과 안정의 세계는 대환난이라는 무서운 하나님의 심판으로 철저히 무너진다.

우리 그리스도인들은 작금의 현실을 말씀에 근거해 정확히 판단해야 한다. 다가오는 인류의 평화와 안정에 취할 때가 아니라, 대환난과 주님의 재림을 준비해야 할 때다. 교회 성장의 거짓기만술은 이제 버려야 한다. 주께서 주신 주의 백성들에게 현시대의 실상을 낱낱이 알려, 4차 산업의 도전에 대한 우리 성도들의 신앙적 각성과 영적 갱신으로 일어서도록 해야 한다.

세계정부주의자들과 이들과 연합되어 활동하는 로마가톨릭은 건전한 하나님의 교회들을 소리 없이 잠식해 나가고 있다. 이미 로마가톨릭과 신앙직제의 합의가 이뤄졌고, WCC를 통한 종교통합의 결실들이 맺혀 가고 있다. 더군다나 4차 산업의 새로운 도전들이 또 우리 앞에 다가오고 있다. 그런데 교회는 계속 싸움과 분열로 진흙탕을 만들어 가고 있다.

4차 산업은, 동성애, 트랜스젠더 등의 하나님에 대한 인간의 더러운 행위들을 모두 정당화시켜 버릴 것이다. 성경에서 가르치는 모든 가르침들을 일시에 침몰시켜 버릴 것이다. 이들에 반대하는 기독교는 세상 사람들의 지탄 대상이 될 것이며, 세상으로부터 미움을 받게 될 것이다. 주님께서는 세상이 우리들을 미워하게 됨을 이미 말씀하셨다. 이러한 세대에 있는 교회가, 세상의 지탄을 받지 않고 건전히 성장한다면 그 교회는 이미 주님의 은총이 사라진 거짓교회이다.

지금은 외적 교회 성장에 목말라할 때가 아니다. 이를 위해 목메어 기도할 때가 아니다. 올바른 교회 성장은 자신에게 주어진 양들을 하나님의 말씀으로 잘 무장시켜 그 어떠한 시대적 도전에도 이길 수 있는 강한 신앙인으로 만들어 가는 것이다. 목회자는 현시대의 상황을 잘 인식하여, 이 시대의 거짓 사상에 물들지 않도록 성경을 올바로 가르치는 일에 목숨을 걸어야 한다. 거짓 선지자들의 정체를 밝히고 그들에게 미혹되지 않도록 지도해야 한다. 그러기 위해선 목회자들이 먼저 기도하고, 성경을 열심히 연구하며, 시대에 주시는 다양한 책들을 부지런히 공부해 성경적으로 이해하고, 올바른 성경적 가르침으로 성도들의 신앙을 무장시켜 가야 한다.

거짓된 전도는 버려야 한다. 단지 교인들을 끌어다 교회를 채우는 모든 행위는 버려야 하며, 세속과 결부된 교회 내 모든 프로그램들도 단호하게 버려야 한다. 성도들에게 세상에 취하도록 부와 명예에 목숨 건 말씀이 아니라, 정말 생명을 살리는 호소를 해야 한다.

500명 이상 되는 중대형 교회들은 모두 200명 이내의 성도들로 줄여, 그 성도들을 철저히 말씀으로 무장할 수 있도록 지도해야 한다. 어쩜 200명도 많을 수 있다. 나머지 성도들은 건실한 주의 종들에게 분할시켜 그들로 하여금 그 성도들을 잘 지도할 수 있도록 독려해야 한다.

목회자에게 있어 부와 명예를 추구하는 것은 독배를 마시는 것과 같다. 만약 성도들에게도 이러한 가르침을 준다면, 성도들에게 생명을 주는 것이 아니라 독을 주는 것이다. 하나님이 주신 목회자의 길은 양들을 바르게 인도하도록 하기 위해 주신 귀한 성직이다. 잘 먹고 잘살라고 주신 길이 아니다. 거대한 저택에 살고, 멋진 외제차를 타고 다니라고 주신 직이 아니다. 수많은 성도들에게 경외적 존경함을 받도록 하기 위해 주신 직이 아니다. 성도들 위에 군림해 영적 권세를 휘두르도록 하기 위해 주신 직이 아니다.

외적 교회 성장과 더불어 목회자들의 안락함은 결국 교회를 무너뜨리고, 성도들을 세속적 향락에 취하도록 만들어 간다. 현대의 모든 문화나 가치관들이 여기에 집중되어 있다. 그러다 보니 시대의 무서움을 모른다. 하나님을 대적하는 사탄의 음모를 전혀 눈치 채지 못하고 있다.

많은 부를 축적해 그 부를 보고 자랑하며, 기뻐하는 목회자들은 그 부를 약하고 힘든 자들에게 나누어 주어야 한다. 재정이 남아도는 교회들은 세속적 투기를 버리고 힘들고 어려운 성도들에게 그 재정을 사용해야 한다. 성도들이 피땀 흘려 모은 재정을 갖고 세속적인 여행을 가는 것을 절제해야 한다. 성지순례니, 외국여행이니 하는 모든 행위를 조심해야 한다. 가고 싶으면 자기 돈으로 가면 된다. 교회 재정을 갖고 목회자 자녀를 외국 유학 보내어 공부시키는 것도 삼가야 한다. 돈이 없어 공부 못하고, 제대로 집을 갖지 못하고 사는 성도들이 부지기수다. 멋진 호텔의 레스토랑에서 이런 저런 모임을 갖는 것은 하나님 앞에 무서운 죄악이다. 그 어떠한 명분을 갖더라도 수십억, 수백억, 수천억 들여 교회를 짓고, 세상 사람들에게 보라는 듯이 교회의 외형을 자랑하는 것도 무서운 죄악이다. 사글세로 기도하며 눈물 흘리는 목회자들이 셀 수 없이 많이 있고, 급기야 교회를 폐쇄하는 경우도 허다하다. 이것을 개인의 능력이니, 하나님의 복이라는 말로 치장해선 안 된다.

올바로 신학이나 공부도 하지 않고, 적당히 돈을 들여 목회자가 된 사람들은 모두 목회자의 길에서 떠나는 것이 더 나을 것이다. 그것이 자신의 영혼과 성도들의 영혼을 살리는 길이기 때문이다.

천국을 다녀왔다느니, 지옥을 다녀왔다느니 하면서 거짓 예언으로 혹세무민하는 목회자들도 그 길에서 떠나는 것이 자신을 위해 더 나을 것이다.

목회자를 양성하는 신학교도 시대의 올바른 혜안을 가질 수 있도록 가르치고 지도해, 목회자의 방향을 잘 설정해 주어야 하는데, 여전히 과거의 학문을 되풀이해 가르치는 데 집중하고 있다. 헬라어를 알아야 하고, 히브리어를 알아야 하며, 수많은 과목들을 교육과정으로 정해 그 과목들을 이수하도록 하는 데 여념이 없다. 물론 모두 필요한 것들이지만, 정말 이 시대에 필요한 올바른 성경적 혜안을 갖게 하는 데는 너무 뒤늦게 움직인다. 오히려 이 시대와 맞추려는 어리석은 일을 수도 없이 하곤 한다. 시대에 뒤지지 않으려 이 시대와 융합해 가려는 무서운 일들이 신학교에서 일어나고 있는 현실이다.

기독교 국가로서의 신화를 자랑했던 영국은, 이제 1%의 신자도 남아 있지 않다. 영적 개혁의 상징적 국가들 대부분에서 기독교는 자취를 감추어 가고 있다. 그렇게 되는 데 100년도 채 안 걸렸다. 무서운 속도로 사탄은 하나님의 교회를 파괴해 가고 있는데, 우리의 교회들은 너무 안일하게 이 사실에 대해 경각심을 갖지 못하고 있다. 우리나라에 있어 아직은 건전한 교회와 올바른 목회자, 성도들이 많이 남아 있다. 새로운 영적 각성이나 신앙적 도전을 갖지 못하고 나아간다면, 우리나라의 기독교도 머지않아 결국 무너지게 될 것이며, 4차 산업의 공격으로 전 세계 교회가 완전히 침몰하는 비극을 보게 될 것이다.

우리 목회자들과 성도들에게 당부하고 싶다. 현재 영적 실체와 세계정부를 움직이는 세력들이 어떤 세력들인지, 그리고 4차 산업의 도전이 어떠한 것인지를, 진지하게 검토하고 공부해 하나님이 우리들에게 주는 시대적 말씀이 어떠한지 성경적으로 충분히 이해해 현시대에 대한 신앙적 무장을 철저히 했으면 한다. 그렇다고 이러한 시대적 말씀만을 알고 있어야 한다는 것은 아니며, 이러한 말씀만 지도하라는 의미는 전혀 아니다. 성경의 모든 내용들을 잘 이해하고, 또 잘 가르치되, 이 시대에 대한 준비, 즉 영적으로 언제나 깨어 있는 주님의 백성이 될 수 있도록 하자는 것이다.

마무리하며

글을 쓰면서 언제나 내적 싸움이 그치지 않는다. 내가 쓰는 이 글이 정말 하나님 말씀 앞에 올바른 글이 될 수 있는가 아닌가에 대한 싸움이다. 나름 성경적으로 글을 쓴다곤 하지만, 내가 깨달은 지식이나 성경의 내용이 혹 잘못된 것일 가능성도 충분히 있기 때문이다. 이러한 갈등을 하면서, 정말 성경에서 가르치는 내용과 잘못되어선 안 된다는 신념과 나름 의무를 갖고 최대한 성경의 가르침에서 벗어나지 않으려고 노력한다. 그럼에도 불구하고, 본인의 지적 부족이나 깨달음에 대한 부족으로 잘못된 안내를 하는 경우도 있음을 충분히 인지한다.

이번에 쓴 본서의 내용도 마찬가지다. 아마 부족한 저자보다 더 많은 내용을 이해하고 알고 있는 분들도 많이 있을 것이다. 진정 그들로부터 도움을 받고 싶다. 특히 현시대에 나타난 4차 산업혁명과 관련하여, 우리 성경과 어떻게 조화를 이루어야 할 것인가에 대한 부분에 있어서는 더욱 그러하다.

4차 산업의 도전은 인간의 혁명이 아니라 영적 도전이라 본다. 사탄의 마지막 인류에 대한 미혹의 산업으로, 시대의 평안과 안정을 가장해 모든 인간들을 지배하려는 무서운 음모의 산업이다. 대부분의 사람들이 이러한 사탄의 감미로운 선율에 미혹될 것이 분명하지만, 하나님 앞에 깨어 있는 우리 성도들은 이 시대를 잘 분별해 갈 것이며, 또 주님의 인도하심이 반드시 있을 것이다.

평안과 번영, 안정, 행복, 이 모두는 우리 인류가 바라는 원초적 본능이다. 이러한 원초적 본능의 파괴는, 하나님의 말씀을 저버리고 사탄에 미혹된 우리들이 만들어 낸 것들이다. 인간에 의해 만들어지는 평화와 번영은 영원할 수 없다. 인간에 의해 주어지는 행복도 일순간에 사라진다. 우리 인간에게 참된 평화와 번영, 그리고 안정과 행복은 4차 산업의 성공으로 이루어지는 것이 아니라, 하나님께로 돌아올 때 이루어진다. 인간에게 있어 참된 평화와 행복은 하나님의 손 안에 있다.

현대의 성도들은 잘못된 미래의 장밋빛 환상에 빠져선 안 된다. 그리고 세상이 주는 평화와 안락에 취해서도 안 된다. 모든 4차 산업이 하나님에 대한 도전으로 이루어져 있다. 이런 인간의 도전에 이제 하나님은 진노의 심판을 하게 될 것이다. 그럴 수밖에 없는 시대로 가고 있다. 돌아설 수도, 돌이킬 수도 없다.

깨어 있어야 한다. 주님이 밤의 도적처럼 온다 하였으나, 깨어 있는 성도들은 밤의 도적이 언제 올 것인지를 알고 있다. 깨어 있기 때문이다. 성도의 깨어 있음은 말씀과 기도로 무장하는 것이다. 말씀을 가까이 하고 사랑하며 무시로 기도하면서 주님의 자녀로서의 삶을 살아가야 한다. 불의와 가까이 하면, 더욱더 불의해지고, 주님과 가까이 하면 더욱더 주님과 가까워질 것이다.

　모든 그리스도인들은 2030년에서 2050년을 반드시 주목하라. 이 땅의 환난과 주님의 재림에 대한 두렵고도 경이로운 일들이 일어나는 때가 될 것이다. 어느 정도의 변수는 있겠지만, 그러한 변수를 감안하여 예측한 연도인 만큼 크게 달라지거나, 큰 변화가 있지는 않으리라 보인다. 그렇다 해도 약간의 오차는 있을 수 있겠으나 십수 년에 불과할 것이다. 다음의 귀한 말씀을 다시 묵상해 보며 글을 마무리하고자 한다. 데살로니가 전서 5장 1절에서 3절의 말씀이다.

> 형제들아 때와 시기에 관하여는 너희에게 쓸 것이 없음은 주의 날이 밤에 도적 같이 이를 줄을 너희 자신이 자세히 앎이라 저희가 평안하다 안전하다 할 그 때에 잉태된 여자에게 해산 고통이 이름과 같이 멸망이 홀연히 저희에게 이르리니 결단코 피하지 못하리라

성경을 바로 알기 위한 안내

이 내용은 필자의 모든 책에 공통적으로 넣어둔 내용으로 혹 필자의 책을 여러 권 접하신 분들은 조금 식상할 수 있다. 그러나 성경을 바로 알기 위해 꼭 필요한 내용이라 노파심에서 넣었으니 이 점 양해를 당부하며 혹 아는 내용이라 하더라도 편안한 마음으로 다시 한번 읽어 가면 조금의 도움이 될 것이다.

1. 성경을 올바로 해석하기 위해 유의할 점

성경을 바로 안다는 것은 성도에게 있어 생명과 같은 것이다. 주님은 "내가 곧 유일한 길이요, 진리요, 생명이라" 말씀하시면서(요 14:6) 이 유일한 길과 진리와 생명 되신 주님이 말씀이라 성경은 증거하고 있고(요 1:1) 이 말씀은 하나님이시며 인간의 육신을 입고 이 땅에 오셨다고 증명한다(요 1:14). 하나님이 육신의 몸을 입고 이 땅에 오신 분이 예수 그리스도다. 이는 곧 유일한 길과 진리와 생명과 말씀은 하나이며 모두 예수그리스도를 지칭한다는 것을 의미한다. 그렇기 때문에 성경을 바로 아는 일은 말씀이신 주님을 바로 아는 일이 되며, 이 주님을 바로 알 때 우리는 생명을 얻게 된다.

성경을 바로 안다는 것은 주님을 바로 안다는 것이며 이는 생명을 얻게 된다는 말씀이다.

성경을 바로 알기 위해선 거쳐야 할 작업이 많이 있다. 무조건 성경을 읽는다고 성경이 알아진다면 정말 좋은 일이겠지만 실상은 그렇지가 못하다. 하나의 성경으로 무수히 많은 이단들이 생기고, 수많은 교단들이 발생한 것은 모두 성경 해석상의 문제에서 기인된다. 성경 해석의 결과에 따라 발생하는 수많은 문제들은 우리 성도들에게 많은 혼란을 가져오고 때론 서로 간에 있어 적대감을 만들기도 한다. 이러한 문제들은 쉽게 해결이 될 수 없는 성질의 것으로 아마 주님이 이 땅에 오시기 전까지는 계속될 것이다. 그러나 우리가 조금의 노력만 기울인다면 우리의 생명이 되는 하나님의 말씀을 좀 더 바르게 알 수 있을 것이다. 노력하지 않고 하나님의 말씀을 바로 알려고 하는 어리석은 성도가 되어선 안 된다.

이제 우리는 성경을 바로 알기 위한 간단한 작업들을 먼저 해보고 성경상에 나타나는 여러 사건이나 내용들을 좀 더 구체적으로 살펴보면서 성경을 바로 아는 일에 한 걸음 더 나아가도록 하자. 우선 성경을 올바로 해석하기 위해 다음과 같은 점들에 주의를 해야 한다.

1) 성경은 윤리나 도덕 교과서가 아니다.

성경에 윤리나 도덕적 내용들이 많이 기록되어 있긴 하지만 성경은
윤리나 도덕을 가르치기 위한 책이 아니다. 그렇기 때문에 때론 인간
편에서의 비윤리적, 비도덕적 행위들이 하나님 편에서는 별 문제 없이
지나치는 경우도 많이 나타나고 있다. 간단한 예로 구약성경에 나타나
는 일부다처제나, 롯과 그 딸들의 사건, 유다와 며느리의 사건, 모세가
이방여인을 취한 사건, 다윗과 솔로몬의 사건 등의 일들이 있다.

2) 성경은 어떤 가설을 도입하여 사실을 논증하려는 책이 아니다.

성경은 사실이 아닌 내용을 진화론처럼 이미 가설을 정해 놓고 그
사실을 입증시키려는 책이 아니다. 성경은 처음부터 사실적 내용을
기록한 책이다.

3) 성경은 우리의 마음을 편케 해 주려는 위로서가 아니다.

많은 사람들이 성경을 통해 마음의 위로를 받으려는 경향이 있다.
물론 우리는 성경을 통해 위로를 받을 수 있지만, 때론 성경을 통해
심각한 도전을 받을 때도 있다. 오히려 성경을 통해 무서운 하나님의
진노나, 심판에 대한 두려움을 느끼는 경우도 많이 있음을 부인할 수
없다. 단지 마음의 평안을 얻기 위해 성경을 대한다면 이는 잘못된
생각이다.

4) 성경은 하나님과 사탄의 세계에 대한 장엄한 투쟁의 역사이며, 사탄의 세력하에 마땅히 멸망받아야 할 인류에게 구원을 제시하는 영적인 거룩한 말씀이다.

성경은 인간이 기록했지만 이 성경은 하나님의 감동으로 기록된 책이기 때문에 육적 내용이 중심인 책이 아니라 육적 여러 내용 이면에 나타나는 영적 내용을 알려 주기 위해 기록된 책이다. 성경을 통해 우리는 영의 세계의 존재와 우리 인간의 영적 존재성, 죄로 인한 하나님과의 영적 단절(영적 사망), 이 단절로부터의 해결점(구원) 등을 알 수 있다. 성경은 이런 내용을 기록한 거룩한 하나님의 영적 말씀이다.

5) 성경의 전체 내용을 분명히 이해하고 각 권의 책들에 대한 내용을 전체와 연결해야 올바른 해석이 나온다.

성경을 올바르게 이해하기 위해서는 성경 각 권의 내용도 잘 아는 것이 필요하겠지만 우선은 성경 전체에서 가르치는 하나님의 원의도를 알아야 한다. 성경은 각각의 책들이 모아져 한 권으로 구성되어 있지만, 성경 전체에서 가르치는 하나님의 의도는 하나로 통일되어 있는 놀라운 책이다. 그렇기 때문에 성경 전체에서 가르치시고자 하시는 하나님의 원의도를 올바로 이해하고 각 권에 대한 내용을 알아가야 한다. 그래야 성경을 잘못 오해하지 않게 된다.

6) 모든 사건들이 다 그런 것은 아니지만 성경의 많은 사건이나 내용은 우리의 구원에 대한 하나님의 의도를 나타내고 있음을 기억해야 한다.

성경에서 가르치는 하나님의 의도는 아주 단순하고 간단하며 쉽다. 수많은 사건과 복잡한 일들이 수도 없이 나타나지만 그중 많은 사건들이 하나님께서 인간을 구원하시고자 하시는 하나님의 의도를 모형, 혹은 상징적으로 보여 주는 그림자로써 나타내고 있으며, 인류 구원에 대한 하나님의 뜻을 기록되어진 당시의 시대적 상황이나 사건과 고려하여 기록한 것이다. 그렇기 때문에 하나님의 인류 구원에 대한 맥락에서 성경을 이해해야 하며, 구약과 신약의 모든 영속성은 결국 하나님의 인류 구원으로 연결됨을 발견해야 한다. 그렇지 않으면 풀 수 없고, 이해할 수 없는 수많은 사건들에 봉착하게 될 것이다.

7) 성경을 읽거나 해석할 때 반드시 영적인 하나님의 교훈을 찾아야 한다.

성경이 비록 육적 언어와 인간의 수단으로 기록되어진 책이지만 하나님의 영적 의도를 기록한 책이기 때문에 하나님께서 주시는 영적 교훈을 잘 찾아야 한다. 그렇다고 모든 말씀을 영적으로만 해석해선 안 된다. 영적으로 특별한 의미를 갖고 있는 경우도 있지만 인간의 삶 속에 자연스럽게 해석되는 부분도 많이 있기 때문이다.

8) 설교자나 성경을 가르치는 자는 성경을 자신의 감정과 사상을 가르치는 도구로 사용해서는 안 된다. 성경은 인류에 대한 하나님의 말씀이므로, 하나님의 뜻을 전해야 한다.

대부분의 사람들은 자신이 살아온 배경과 환경을 무시할 수 없다. 개인의 지식, 가정의 교훈, 나라의 전통, 종교적 가르침, 다양한 독서 등에 의해 자신도 모르는 순간 개인적 철학이 만들어져 자기 삶의 바탕을 이루고 살아가게 된다. 그러다보니 비록 그리스도인이 되어 성경을 가까이하고 성경을 공부하지만, 많은 경우에 있어 자신이 이미 갖고 있는 철학적 바탕에 성경을 접목시켜 조화를 이루고자 하는 실수를 하게 된다. 이는 의도되어진 것이라기보다 비의도적인 경우가 많은데 성경을 바로 알지 못할 때 일어나는 현상 중의 하나이거나, 성경을 안다 하더라도 자신의 철학적 사상에 대한 확신이 너무 강한 경우이다. 설교를 하거나 성경을 가르치는 교사들, 혹은 성경을 읽으면서 공부하는 모든 자들은 자신이 갖고 있는 모든 철학적 사상을 내려놓고 성경을 대해야 한다. 그래야 하나님의 원말씀의 의도를 발견할 수 있다.

9) 설교할 때는 주어진 본문에서 하나님께서 하시고자 하는 말씀을 찾아야 한다.

설교는 성경을 통해 하나님의 뜻을 전달하는 인간적 행위이다. 예배에 있어 가장 핵심 부분을 차지하는 설교에 있어, 설교자는 성경을 통해 하나님의 의도를 분명히 전해야 하는데, 성경 전체에 나타나는 하나님의 의도는 너무 광범위하기 때문에 설교자는 설교를 위한 본문을 택해 그 본문에서 말씀하시고자 하는 하나님의 의도를 정확히 찾아야 한다. 본문을 벗어난 설교는 자칫 자기 생각을 하나님의 말씀이라 하여 성도들에게 전달하는 실수가 될 수 있기 때문에 설교자는 이 점에 유의해야 한다.

10) 교리나 전통적 해석만 주장해서는 안 된다.

자신이 속한 교단의 교리가 그러하기 때문에, 과거로부터 이렇게 해석해 왔기 때문에 나도 그렇게 해석해야 한다는 태도는 일장일단의 양면성을 갖고 있다. 다행히 올바른 교리나, 올바른 해석에 의해 그대로 진행된다면 별문제 없겠지만 그렇지 못한 경우도 많이 있기 때문이다. 그렇기 때문에 교단에서 가르치는 교리나 과거의 전통적 해석 중 충분히 이해하고 받아들여야 할 것도 있지만 이로 인해 올바른 성경의 가르침을 놓칠 수도 있으니 올바른 성경의 가르침을 찾기 위한 노력이 반드시 필요하다.

11) 여러 가지 신비한 경험적 해석도 배제해야 한다.

경험은 삶의 아버지란 말이 있듯이, 경험을 통해 인간은 다양한 삶의 지혜를 체득해 간다. 경험을 통해 확신도 하게 되고, 경험을 통해 자신의 주장을 강하게 어필하기도 한다. 우리가 믿음생활을 하다 보면 영적 다양한 경험을 결코 피해 갈 수 없다. 기도 중의 여러 영적 체험들, 환상, 영적 은사, 영적 꿈, 신유체험 등등. 이 모든 일들은 우리가 신앙의 여정 가운데 체험할 수 있는 영적 현상들이다. 그리고 이러한 경험의 중요성은 새삼 말할 필요 없다. 영적 여러 체험들을 통해 하나님에 대한 더욱 강한 확신, 믿음의 성장 등이 확실히 일어나기 때문이다.

그러나 문제는 이러한 영적 현상들은 우리 기독교가 아닌 종교를 가진 모든 사람들에게서도 공통적으로 일어나는 현상들이라는 것이다. 그렇기 때문에 자신이 경험한 신비한 여러 경험들이 절대적으로 하나님이 주신 것들이라는 섣부른 확신은 조심해야 한다. 그리고 이러한 신비한 영적 경험들을 아무런 검증 없이 마구잡이로 간증이나 설교, 혹은 성경공부 중 이야기해선 안 된다. 성경에 대한 올바른 지식이나 이해 없이, 이러한 영적 체험을 하게 되면 자칫 사탄의 덫에 걸려들 수 있다. 그렇기 때문에 영적 여러 체험들은 반드시 성경을 통해 뒷받침되어야 하며, 성경적으로 문제가 없어야 한다. 그렇지 않고 자신이 체험한 영적 내용을 성경해석에 그대로 적용시킨다면 신비주의로 넘어갈 수 있다.

12) 해석하기 어렵거나 설명할 수 없는 내용은 믿음으로 믿고 넘어가야 한다. 자칫 잘못된 사상을 주장하고 가르치게 된다.

성경의 모든 내용을 모두 정확히 알기란 불가능하다. 그렇기 때문에 정확한 것이 아니면 섣불리 해석하거나, 이해하려고 해선 안 된다.

시간이 지나 신앙의 성숙 정도에 따라 이해하지 못했던 부분이 이해되는 경우도 많이 있다.

현재 자신에게 어려운 많은 내용들 중 때론 믿음으로만 해결할 수밖에 없는 경우도 있다. 그렇기 때문에 억지로 성경을 풀려는 시도는 하지 않아야 한다(벧후 3:16).

13) 성경을 읽을 때 아는 내용이라도 자세히 읽는 습관을 가져야 한다.

잘 알고 있는 내용이라도 성경을 자세히 보는 습관을 들여야 한다. 잘 안다는 것과 바로 안다는 것은 차이가 있다. 성경을 잘 알고 있기보다, 바로 알고 있어야 한다. 성경을 대충 봐 버리면 성경에서 찾을 수 있는 해석적 내용도 발견하지 못하는 경우가 많이 있다. 성경을 좀 더 자세히 읽다 보면 올바르게 해석할 수 있는 내용들이 성경 자체 안에 들어 있는 경우들이 많이 있으니 잘 알고 있는 내용이라도 성경을 자세히 보는 습관을 기르는 것이 중요하다.

14) 몇 가지의 성경을 같이 검토해 나가야 한다.

현재 우리나라에 번역된 성경은 모두 10권[33]이다. 원어 실력이 있으

---

33) 개역 성경, 개역개정 성경, 공동번역 성경, 표준 새 번역 성경, 한글 킹 제임스 성경, 현대인의 성경, 현대어 성경, 쉬운 성경, 우리말 성경 등이다.

면 원어를 보는 것이 좋겠지만 대부분이 그렇지 못하기 때문에 번역본을 볼 수밖에 없다. 현재 우리가 사용하는 개역 성경도 좋은 성경이지만 때론 번역의 의미를 제대로 파악하기 어렵거나, 문제가 있는 부분도 있음은 주지의 사실이다. 그렇기 때문에 다른 번역본은 어떻게 번역해 놓았는지를 살펴볼 필요가 있다. 좀 더 쉽게 이해되는 부분들도 있고 내용을 파악하는 데 있어서 많은 도움을 받게 되는 경우도 있기 때문이다. 개역 성경, 개역개정 성경, 킹제임스 성경, 바른 성경, 공동번역, 새번역 등의 성경을 서로 비교해 보면서 읽어 가면 좋을 것이다. 그러나 기억해야 할 것은 가장 좋은 번역은 원어에 충실한 번역이라는 사실이다. 원어의 원의미를 바르게 찾는 노력이 필요하다.

15) 성경을 바로 알고 이해하기 위한 중요한 서적들을 반드시 읽어 보라.

성경만 갖고 모든 해석을 할 수 있다면 그 이상 좋을 수 없다. 그러나 성경만을 갖고 성경의 모든 내용을 정확히 해석한다는 것은 현실적으로 불가능하다. 그렇기 때문에 성경을 바로 해석하기 위해 여기에 도움을 줄 수 있는 여러 서적들을 읽어 봐야 한다. 특히 성경의 다양한 역사적 내용을 좀 더 폭넓게 알 수 있도록 도움을 주는 성경의 역사에 관한 책이나 성경 기록 당시의 시대적 상황을 묘사한 성경 배경에 관한 책들은 필수적으로 봐야 한다. 좀 더 노력한다면 성경의 형성과정과 올바른 의미를 찾아가는 사본학에 관련한 서적들을 보는 것이 도움이 될 것이다.

　하나하나 좀 더 많은 예와 설명이 필요한 부분들이지만 차츰차츰 이 문제들을 해결해 가도록 독자들 스스로의 많은 노력이 있길 기대한다. 자칫 성경을 읽으면서 성경을 자신의 생각이나 철학에 고정시켜 이해하려고 하는 시도는 위험하기 때문에 언제나 성경 전체에서 가르치는 교훈 아래 자신의 생각을 성경에 맞추어야 하며 혹 어려운 내용들이 있다면 선불리 결론 내리기보다는 좀 더 공부를 하는 것이 필요하다. 만약 성경해석이 잘못되면 다음과 같은 무서운 일들이 일어날 수도 있다.

1. 개인의 영혼성장에 문제가 생긴다.

2. 자신뿐만 아니라 다른 사람들에게도 좋지 못한 영적 영향을 미치게 된다.

3. 다양한 교파나 교단이 만들어져 기독교는 분열된다.

4. 기독교가 분열됨으로써 성도들 간에 여러 신앙적 격차를 느끼게 한다.

5. 잘못된 하나님, 예수님, 성령님을 믿게 된다.

6. 올바른 신앙과 신학이 무너진다.

7. 이단이나 사이비가 나오게 된다.

8. 극단적 태도를 취하게 된다.

9. 성경을 바로 알지 못한다.

10. 목회자는 잘못된 설교를 하게 된다.

2. 성경해석의 보편적 적용과 제한적 적용

성경을 읽거나 공부하다 보면 때론 아주 곤란한 문제에 부딪히기도 한다. 해석의 적용에 대한 문제다. 과연 이 해석이 현시대, 우리들에게 그대로 적용을 해도 괜찮은 것인지, 아니면 해서는 안 되는 것인지에 대한 어려움이다. 대부분의 성도들이 나름 이 문제들에 대한 해답을 알고는 있다고 하나 여전히 혼란스러운 것은 마찬가지다.

먼저 우리가 알아야 할 것은 **성경해석의 적용에는 보편적인 적용과 제한적인 적용이 있다는 것이다.** 보편적인 적용은 전 시대, 전 인류들에 있어 보편적으로 적용할 수 있는 내용을 말하고 제한적 적용이란 것은 특정한 인물이나, 국가, 특정한 시대에만 적용이 가능한 내용을 말한다.

하나님께서 성경을 기록게 하실 때 하나님의 말씀이기 때문에 언제나 모든 사람, 모든 국가, 모든 시기에 다 자신의 말씀을 변함없이 지켜야 한다고 하신 것이 아니다. 성경을 기록할 당시의 인물이나 나라, 그리고 시대적 배경을 최대한 활용해 성경을 기록게 하셨기 때문에 반드시 특정의 시기와 나라, 그리고 특정의 인물들에게만 적용을 시켜야 하는 말씀도 많이 하셨음을 알아야 한다. 이는 현시대 모든 나라, 모든 사람들에게는 전혀 적용할 수 없는 말씀도 많이 있다는 내용이다. 그렇기 때문에 성경의 보편적 적용이나 제한적 적용에 대한 문제를 잘 이해하고 성경을 해석해야 하는데, 이 문제는 그렇게 간단한 것은 아니다. 전체적 성경의 가르침 가운데 나타나는 하나님의 원 의도를 잘 파악하고, 하나님께서 어떤 의도로 이 말씀을 기록게 하신 것인가를 제대로 알아야 올바른 판단을 할 수 있다.

일단 구약성경은 단순히 보면 전 세계의 주인이신 하나님에 대한 안내, 그리고 이스라엘이라는 한 민족에게 주어진 특별한 말씀으로 이스라엘 민족의 역사책 혹은 그들만의 법이라 볼 수 있다. 그렇기 때문에 구약의 모든 말씀은 이스라엘이라는 나라를 중심으로 이루어진 말씀과 법들이므로 일차적으로 구약성경의 대부분은 이스라엘 민족을 중심으로 적용되는 특별한 말씀이다. 십계명이나 구약의 모든 율법들이 여기에 해당된다. 이러한 이스라엘 민족에게 주어진 계명들을 성경이 하나님의 말씀이라 하여 현대의 구원받은 우리가 그대로 행한다면 이는 무서운 결과를 초래한다.

하나님이 구약성경을 주신 건 이스라엘이라는 특정 국가의 하나님의 백성들을 위한 지침을 주기 위한 것이기도 하지만, 이스라엘이라는 한 민족을 통해 이루어질 인류의 구원자인 예수그리스도에 대한 안내와 그리스도를 통한 전 인류의 구원에 있어 하나님의 의도를 전달하기 위한 것이다. 한 나라를 선정해 자신의 백성으로 삼으시고, 그 백성들의 지침서로 주어진 법적 규약이 구약성경이기 때문에, 그 내용은 이스라엘 민족이라는 특별한 민족들에게 제한적으로 해석되어야 하는 것들이 대부분이다. 그럼에도 불구하고 이러한 제한적인 대부분의 구약의 내용들은 그리스도를 통한 인류 구원의 그림자로 안내하는 성격을 갖고 있기 때문에 구약의 모든 내용들은 그리스도를 통해 모두 재해석되어야 올바른 성경해석의 결과를 가져올 수 있다. 그래서 그리스도는 내가 율법을 폐하러 온 것이 아니라 율법을 이루기 위해 왔다(마 5:17)고 하셨고, 구약의 율법서, 시가서, 선지서 등은 모두 자신을 증거하기 위한 책(눅 24:44, 요 5:39)이라 하셨다.

　성경을 읽고 올바르게 해석해야 하는 우리는 성경의 적용에 있어 제한적 적용의 내용을 보편적 적용으로 받아들여서는 안 된다. 하나님의 백성이라 하여 성경대로 살아야 한다 하면서 이스라엘 민족에게 주어진 율법의 내용을 오늘날에도 그대로 지켜야 한다고 주장하면 아주 곤란해진다. 율법을 어길 경우 죽이라는 내용이 주를 이루고 있는 모세오경의 법들을 현재 그대로 시행하다간 우리 모두 살인자가 된다. 이러한 법들은 당시의 시대적 상황을 반영한 것으로 특정한 민족이나 특정한 시기에 주어진 제한적 성격이 강한 말씀들이다. 그리고 이러한 법 이면에는 항상 그리스도의 구원이라는 하나님의 의중이 담겨 있다. 법 아래 죽어 마땅한 우리들이지만 오직 그리스도의 은혜로만, 법 아래의 모든 죽음으로부터 생명을 얻을 수 있게 된다는 하나님의 의도가 구약의 법 이면에 나타나고 있기 때문에 결국 구약의 모든 법들은 하나님의 사랑과 연결된다. 온전하게 법을 지킬 수 없고, 법 아래 멸망 받아야 할 인류에게 있어, 법 아래의 모든 형벌을 그리스도에게로 지우시고 그를 죽임으로 구약의 모든 법들이 완전케 되고, 그리스도를 통한 하나님의 용서와 구원이 이루어지게 됨을 암시하는 것들이 구약의 율법적 내용들이다. 그렇다고 모든 구약의 법적 내용들을 제한적으로만 받아들여, 이 시대는 구약의 율법은 필요 없는 시대라 하여 구약의 법들을 무시하는 행위 또한 올바르지 못한 행동이다. 비록 구약의 모든 법들은 폐지되었지만 그 정신과 가르침은 보편적 적용에 있어 반드시 필요하기 때문이다.

신약에서 제시하는 보편적 적용의 가르침들을 제대로 이해하기 위해선 구약의 율법적 내용에 대한 올바른 이해가 반드시 필요한데, 이는 구약에 등장하는 제한적 성격의 여러 법들이 신약을 통해 보편화되는 경향이 많기 때문이다. 구약의 제사들이 오늘날의 예배로, 구약의 할례가 오늘날의 세례로, 구약의 안식일이 오늘날의 주일로 변경되는 등의 내용들은 구약의 안내 없인 우리가 알 수 없는 내용들이다. 그리고 구원에 대한 올바른 이해도 구약의 내용에 대한 이해 없인 결코 발견할 수 없는 신비한 것들이다.

우리는 이러한 적용의 성격을 잘 알고 성경의 올바른 해석을 위해 노력을 해야 하고 성경을 바로 알기 위한 경주를 해야 한다. 성경을 읽어 가면서 이 점을 주의해서 읽어 간다면 좀 더 성경을 바로 아는 일에 한걸음 더 다가설 것이다. 이러한 사실을 염두에 두고 이제 성경을 바로 알기 위한 기본적 성경해석의 원리들을 살펴보자. 성경해석의 7대 원리로 기억하면 좋을 것이다.

3. 성경해석의 7대 원리

1) 문자적 원리

별 이상이 없는 한 기록된 문자 그대로 성경을 해석하라.

문자적 해석이란 성경에 기록된 그대로 이해하고 받아들여야 한다
는 것이다. 이는 성경해석에 있어 제일의 원리라 볼 수 있다. **성경은
우선적으로 기록되어진 그대로 믿어야 한다.** 성경의 내용들은 우리
의 학문이나 철학, 그리고 이성적 사고를 통해 재해석되거나 주관화
되어지는 것이 아니라 기록되어진 그대로 해석하는 것이 원칙이다.
가벼운 예로 하나님께서 세상을 6일 동안 창조하셨다고 성경은 기록
하고 있다. 그렇다면 우리는 여기에 대한 별다른 해석을 암시하는 다
른 성경적 지지가 없는 한, 하나님이 세상을 창조한 기간은 6일로 인
정하고 받아들여야 한다.

고고학이나 과학적 수단에 의해 지구의 연대를 수십억 년 이상까
지 거슬러 올라가는 세상적 학문과 조화를 이루기 위해 하나님의 6
일간의 천지 창조에 대해 의문을 가지고 이 6일을 달리 해석해선 안
된다. 이 6일이 오늘날의 하루와 다른 날로 계산을 한다거나, 어떤 시
대를 하루로 표시해 창조 당시의 하루는 우리가 알 수 없는 긴 시대
를 말한다는 시대설, 태양과 달과 별이 만들어진 4일째부터는 오늘날
과 같은 정상적인 하루이지만, 해, 달, 별이 만들어지기 전 그 앞의 3

일간의 하루는 우리가 알 수 없는 긴 시대에 해당한다는 이상한 말
을 해선 안 된다.

성경에서 하나님의 천지창조 기간이 6일이라 말씀하시면 6일 그대
로 믿어야 한다. **하나님께서는 6일이 아니라 더 짧은 시간에도 모든
것을 만들 수 있는 분이시다.** 성경에서 별다른 암시가 없는 한 기록
되어진 문자 그대로 우리가 인정하고 받아들이며 믿어야 한다. 성경
에 나타난 수많은 기적이나 이적과 같은 내용들 모두가 그러하다. 기
록되어진 그대로 믿어야 한다. 이것이 문자적 해석이다.

2) 영적 원리

문자적 해석이 어려울 경우 영적 해석을 하라.

그러나 모든 성경이 다 문자적으로만 해석되어지는 것은 아니다. 문자
적으로 기록되어진 이면에 나타나는 영적 의미가 있는 말씀들도 많이
있기 때문에 **문자적 해석으로 해석이 어려운 경우 영적 해석이 필요하
다.** 마태복음 10장에 나타난 영적 전쟁에 관련한 부분들이 그러할 것이
다. 마태복음 10장 34~36절의 말씀을 보면 다음과 같이 기록되어 있다.

> 내가 세상에 화평을 주러 온 줄로 생각지 말라 화평이 아니요 검을 주러 왔노라
>
> 내가 온 것은 사람이 그 아비와 딸이 어미와 며느리가 시어미와 불화하게 하려
>
> 함이니 사람의 원수가 자기 집안 식구리라

　만약 이 내용을 문자 그대로 해석하게 되면 그리스도가 이 땅에 오신 것은 검, 즉 전쟁을 위해 온 것이며, 가정을 파괴하기 위해 온 가정 파괴범 같은 그런 내용이 된다. 위의 말씀은 문자적 해석으론 불가능한 해석이며 전후 문맥을 고려해 이 세상에 대한 영적 전쟁, 가정에 대한 영적 전쟁을 알려 주는 내용으로 복음 전파를 통한 사탄과의 영적 전쟁에 대한 내용을 언급한 것으로 봐야 한다.

　일반적으로 구약의 선지서들이나 신약의 예언서 등의 내용들은 영적 상징을 언급한 부분들이 많기 때문에 반드시 영적 해석이 따라와야만 하는 경우들이 많이 있다. 그러다 보니 선지서나 예언서의 해석에 있어 많은 주석가들이 해석의 차이를 보이는 것도 사실이다.

　영적 해석을 함에 있어서는 자칫 잘못된 개인의 지식이나 사상, 철학적 자기 주관적 사고에 의해 의도적으로 잘못 해석될 소지가 다분히 있기 때문에 반드시 성경 전체와의 조화를 이루어야 한다. 자신의 지식적 수준이나 철학적 삶의 가치관으로 인해 개인의 생각대로 영적 해석을 시도해선 안 된다.

　영적 해석의 선구자는 3세기경 알렉산드리아학파 교부였던 오리겐으로 거슬러 올라간다. 클레멘트의 제자였던 오리겐은 성경의 모든 내용은 문자 이면에 숨겨진 영적 의미가 있다고 보았기 때문에, 대부분의 내용을 문자적으로만 받아들이지 않고 영적 해석의 한 부분[34]

---

34)　영적 해석에는 풍유, 상징, 비유, 계시(꿈, 환상, 음성 등)적 해석 등이 있다.

인 풍유적 해석으로 보아 성경의 해석을 시도하려고 하였다.

많은 부분에 있어서의 좋은 해석들도 있지만, 이단적 성격의 해석 또한 많이 나타나고 있다. 그리스도의 신성에 대한 문제와 더불어 성경을 도덕률 중심으로 받아들이는가 하면, 환생설과 만인 구원론, 그리고 영혼선재설 등을 주장하기도 했다. 더 나아가 만유내재신론의 사상을 갖고 있는 뉴에이지적 사상(당시의 영지주의 사상) 또한 받아들였는데 이는 그가 사상 면에서 헬라철학과 영지주의적 사상을 많이 받아들였기 때문인 것으로 보인다.

영적 해석은 반드시 필요하지만 자칫 잘못된 개인적 생각으로 성경을 해석할 가능성이 많이 있기 때문에 조심해야 할 것이다. 문제점들은 다음과 같다.

1. 해석이 주관적으로 흐를 수 있다.
2. 개인적 경험에 의해 해석을 시도할 수 있으며 경험 중심의 해석을 결론화할 수 있다.
3. 성경 전체에 대한 통찰력 없이는 영적 해석을 하기가 어렵다.
4. 신비주의적으로 흐를 수 있다.
5. 본문에서 말하는 원의도를 벗어날 가능성이 크다.
6. 성경 자체가 영적인 책이기 때문에 전체를 영적으로 보는 것은 나쁘진 않으나 성경 안에 나오는 모든 내용을 영적화시켜 버리는 위험이 있다.

3) 문맥적 원리

반드시 문맥을 확인하라. 문맥은 해석의 왕이다.

문맥이란 문장과 문장이 이어지면서 전달되는 중심적인 의미나 논리적 연관 관계를 말한다. 그렇기 때문에 비단 성경해석뿐만 아니라 대부분의 글들을 해석하고 이해함에 있어 문맥은 그 중심에 서 있다. 이렇게 문맥을 올바르게 파악해 성경을 해석하는 것을 문맥적 해석이라 한다. **문맥적 해석은 성경해석에 있어 왕**이라는 말이 있을 정도로 그 중요성은 크다. 시가서 중 시편, 잠언, 전도, 아가서 등의 일부를 제외한 대부분의 성경은 독자적 문장으로 나오는 것이 아니라 앞뒤의 문맥과 연결되어 있다. 그렇기 때문에 앞뒤의 문맥을 무시한 채 어떤 특정한 구절만을 갖고 해석을 하게 되면 자칫 문맥과 맞지 않는 의미로 파악하기 쉽고, 성경이 가르치고자 하는 원의미를 놓쳐 버리기 쉽다.

문맥을 무시한 해석은 원저자의 의도를 흐리게 하거나 아주 곡해하여 잘못 해석하게 되는 오류를 범하게 된다. 그렇기 때문에 성경을 올바르게 해석하기 위해서는 반드시 문맥에 대한 관찰이 있어야 한다.

문맥은 바로 앞의 문장과 연결되어 나타나는 근접적 문맥(빌 4:13)과 먼 거리서부터 연결되어 오는 원접적 문맥(롬 12:1~2)으로 나눌 수 있으며 이 둘 모두를 포함하여 연결된 부분도 있다. 우리는 로마서 12장 1~2절의 내용을 잘 알고 있다.

그러므로 형제들아 내가 하나님의 모든 자비하심으로 너희를 권하노니 너희 몸을 하나님이 기뻐하시는 거룩한 산 제사로 드리라 이는 너희의 드릴 영적 예배니라 너희는 이 세대를 본받지 말고 오직 마음을 새롭게 함으로 변화를 받아 하나님의 선하시고 기뻐하시고 온전하신 뜻이 무엇인지 분별하도록 하라

여기서 나타나는 접속사 '그러므로'는 앞의 문장이나, 내용을 연결해 나타나는 순접접속사이다. 로마서 12장 1~2절의 말씀을 올바로 해석하기 위해서는 로마서 1~11장에 나타나는 전체적인 내용에 대한 충분한 이해가 필요하다. 그렇지 못하면 로마서 12장 1~2절에 나타나는 올바른 의미를 파악하기 어렵다.

사도바울은 자신이 여러 교회에 서신을 보내면서 아무런 형식 없이 편지글을 써 간 것이 아니라 일정한 형식을 갖추고 편지글을 써 보내었다. 그 특징 중 하나가 바울서신 전반부 대부분은 교리적인 면을 취급하였고, 후반부에는 성도로서의 생활인 실천을 다루면서 성도로서의 삶에 대한 태도들을 기록한 것이다. 이 점을 고려하여 로마서 12장 1~2절을 살펴보아야 한다.

로마서는 구원에 있어 아주 체계적으로 우리에게 가르쳐 주는 서신이다. 1~3장 사이에는 허물과 죄로 죽어 마땅한 인간들과 모든 사람이 다 죄인이라는 사실을 강조하고 있고, 4~7장 부분은 이러한 죄인은 그 어떠한 노력과 행위로도 결코 구원받을 수 없는 절망적 존재라

는 사실을 밝히면서, 8~11장을 통해 허물과 죄로 죽은 인간이라 할지라도, 그 모든 죄는 그리스도 예수를 통해서 용서받아 구원받을 수 있으며, 이러한 구원은 하나님의 절대적 주권 하에 있다는 사실을 설명하고 있다. 이어 12장 1절에 들어와 '그러므로'라는 단어로 시작하고 있는데 이는 허물과 죄로 죽어 마땅한 인간들이 그리스도 예수를 통해 구원받은 존재가 되었다. '그러므로' 이제 구원받은 너희들은 어떻게, 어떻게 살아야 한다는 신앙인의 실천적 권면으로 봐야 한다. 이 내용이 16장까지 나타나고 있는 것이다.

그렇기 때문에 로마서 12장 1~2절에 대한 내용, 그리고 이후 나타나는 여러 내용들을 올바로 이해하기 위해선 반드시 1~11장까지의 내용들을 충분히 이해하고 접속사 '그러므로'가 연결되는 문맥적 상황까지 고려해 해석을 해야 한다.

누가복음 18장 8절에 다음과 같은 말씀이 나타나고 있다.

> 내가 너희에게 이르노니 속히 그 원한을 풀어 주시리라 그러나 인자가 올 때에 세상에서 믿음을 보겠느냐 하시니라

학생 때부터 위의 말씀을 인용한 많은 이야기들을 듣곤 했다. 기억으로는 주님이 세상에 다시 오실 때 **믿는 자**들을 보기가 어렵다는 그런 말씀이었다. 주변에 계신 많은 성도들 대부분이 믿는 자들을 보기 어렵다고 하였기 때문에 나도 그런 줄 알았다. 그런데 말씀을 자

세히 보면 '믿는 자'가 아니라 '믿음'임을 알 수 있다. 믿는 자와 믿음은 분명히 다르다. 인자가 올 때에 세상에서 믿는 자가 아니라 믿음을 보기 어렵다는 말이다.

이 내용을 통해 믿음에 대한 많은 설교들이나 교훈들을 들어 왔을 것으로 생각한다. 보는 관점에 따라 차이는 있을지라도 거의 대부분이 믿음에 대한 내용을 언급한 것으로 여기며, 믿음에 대한 이야기를 하는 것이 당연한 것처럼 받아들여지는 부분이다. 주님이 다시 이 땅에 올 때 믿음을 보기 어렵다고 강조하며 반드시 믿음을 가지고 살아가야 한다고 많은 분들이 그렇게 배워 왔다. 그러나 이 부분은 주님이 믿음을 이야기하고 싶어 하신 것이 아니다. 그리고 우리가 일반적으로 믿고 있는 믿음이라든지 아니면 그 어떤 추상적인 믿음에 대해 말씀하신 것도 아니다.

위의 내용은 18장 1절부터 봐야 하는 말씀이다. 이는 문맥을 고려해 보라는 말이다. 주님께서 위의 8절 말씀을 하신 이유를 1절에서 밝히고 있다. **"항상 기도하고 낙망치 말아야 될 것을 저희에게 비유로 하여"**라고 기록하고 있다.

불의한 재판관에게 억울한 과부가, 재판관이 힘이 들 정도로 자신의 억울함을 계속 하소연하게 되어 그 재판관이 귀찮아서라도 과부의 억울함을 들어준다는 비유를 통해, 하나님의 백성은 주님이 오실 때까지 낙망하지 말고 기도하면 하나님이 반드시 응답해 주신다는 내용을 말씀하신 것이다. 그러면서 8절의 믿음을 언급하신 것이다. 문맥을 잘 이해해 8절 말씀을 해석하면 이 내용은 믿음에 관련된 내용이 아니라 기도에 관련한 말씀임을 쉽게 알 수 있다.

주님께서 하신 8절의 믿음에 대한 말씀은 주님이 이 땅에 다시 올 때 많은 성도들이 기도에 대한 확신을 갖지 않고 형식적이며 외식적이고 그냥 맹목적으로 기도만 하는 형태를 책망하시면서, 기도를 할 때는 반드시 응답된다는 확신의 믿음을 갖고 기도하라는 말씀인 것이다. 주님이 이 땅에 오실 때가 되면 믿는 자들은 많이 있을지 몰라도 기도에 대한 확신을 갖는 믿음을 가진 성도는 얼마 없을 것임에 대한 탄식의 말씀이다.

문맥을 고려하지 않고 성경을 해석하면 자칫 성경의 내용을 인용하고, 성경의 내용을 이야기한다고는 하나, 하나님의 의도와는 전혀 다른 엉뚱한 내용으로 대신할 수 있다. 위의 예처럼 말이다. 더 심하게 나아가면 이단이 될 수도 있는 무서운 해석까지 나오기도 한다. 대표적인 예가 요한일서 3장 8절의 말씀이다. 이 말씀을 잘못 이해한 결과, 그리스도가 나타나신 것은 마귀의 일을 멸하러 왔다고 하여 우리도 마귀를 이길 수 있고, 마귀를 쫓아내는 것이 성도의 권세이기 때문에, 성도는 사탄을 대적해야 한다는 사탄 대적설 등의 이상한 용어까지 만들어졌다. 물론 우리 성도는 주님의 거룩하신 이름으로 마귀를 대적하고 귀신을 쫓을 수 있다. 그러나 요한일서 3장 8절 말씀을 통해 이렇게 주장하면 심각한 문제의 소지가 있다. 이 말씀은 사탄대

적설적인 내용이 아니라 1절부터 보면 죄에 대한 문제를 지적하면서
이 죄를 가져온 자는 마귀며 주님은 이러한 마귀를 멸하러 이 땅에
오셨다는 것이다. 죄를 가져온 마귀의 일을 멸하러 주님은 이 땅에
오셨고, 이 죄 문제를 해결한 그리스도를 통해 우리도 죄를 이길 수
있으며 죄로부터 구원을 받게 된다는 말씀이다.

올바른 성경해석에 있어 문맥에 대한 이해는 필수적이다. 성경을
읽을 때나 연구할 때 반드시 문맥을 고려해 읽고 해석하려고 노력해
야 한다.

4) 배경적 원리

기록된 내용의 배경을 철저히 살펴라.

성경이 기록된 시대와 사람, 언어, 문화 등의 모든 것들은 현대와는
아주 다르다. 그렇기 때문에 성경을 연구하고 해석함에 있어 성경이
기록된 시대의 여러 상황이나 배경에 대해 올바로 알아야 성경에서
가르치시고자 하신 하나님의 원의도를 제대로 이해할 수 있는 경우
가 많이 있음은 우리 모두가 인정하는 사실이다.

창세기 22장에 보면 하나님께서는 아브라함에게 자신의 독자 이삭
을 제물로 바칠 것을 명하고 있다. 성경에서는 단지 하나님께서 아브
라함을 시험하기 위해서라고 말씀을 하고 있지만, 그렇다고 아브라함

에게 자신의 아들 이삭을 바치라 명한 하나님의 사람 제물에 대한 시험은 상식적인 선에서 납득하기 어려운 부분이다. 하나님께서는 다른 여러 가지 방법으로도 충분히 아브라함의 믿음을 시험하실 수 있기 때문이다. 그런데 하필이면 왜 이러한 방법을 택하셨을까?

우리들의 믿음이 좋아서인지, 아니면 잘 몰라서인지 우리는 너무 쉽게 아무런 이유나 분석도 없이 이 본문을 받아들인다. 하나님의 인신제 요구를 말이다. 단지 아브라함의 믿음만을 강조하면서…. 그러나 만약 우리가 그때 당시의 시대적 배경을 면밀히 살펴본다면, 이러한 하나님의 요구는 전혀 무리가 아니며 아주 타당하다는 사실을 발견하게 된다.

고대에는 이방신을 섬기는 사람들에게 있어서 자신들의 신에 대한 최선의 충성과 봉사의 모습으로 자신들의 자녀를 자신이 섬기는 신에게 바치는 행위가 일반적이었다. 특히 아브라함 시대에 아브라함이 살던 그 지역에서는 이러한 행위가 아주 보편적으로 행해졌던 것으로 나타나고 있다. 아브라함도 아마 여기에 대한 충분한 지식을 가지고 있었을 것이다. 그렇기 때문에 하나님의 이러한 요구에 아브라함은 그 어떠한 변명이나 반항 없이 순종할 수 있었으며, 자신의 아들을 바치라는 하나님의 요구를 정당한 것으로 받아들이고 있는 것이다. 물론 이러한 행위 또한 믿음의 뒷받침 없이는 전혀 일어날 수 없는 것은 사실이다. 하나님에 대한 철저한 아브라함의 믿음과 충성, 그리고 헌신이 있었기 때문에 이러한 일들이 가능한 것이다.

올바른 배경에 대한 내용을 알고 난 뒤 아브라함에 대한 하나님의 인신제 요구를 이해하면 쉽게 성경의 내용을 알 수 있는 것처럼, 많은 부분들에 있어 배경에 대한 이해를 먼저 하고 성경을 본다면 좀 더 쉽게 성경에 다가갈 수 있을 것이다. 배경에 대한 여러 연구는 우선적으로 시대적 배경이 필수적으로 따라와야 하며, 민족에 대한 배경, 문화에 대한 배경, 사상에 대한 배경, 성경 각 저자에 대한 배경, 그리고 서신서의 경우 서신서를 받는 사람이나 교회에 대한 배경 등등 많은 부분이 따라와야 한다. 이런 부분들에 대한 공부를 하면서 성경을 보면 우리가 이해하기 어려웠고 알지 못했던 많은 부분들에 대한 해석들이 가능해질 것이다. 연구해 볼 만한 내용들은 바벨탑 사건, 성찬식 문제, 여자 머릿수건 쓰는 문제, 교회 내 여자들의 문제, 여자 목사 문제, 구원에 대한 문제, 짐승의 수(666)에 대한 문제, 은사에 대한 문제, 술에 대한 문제, 고린도 교회에 나타나는 음행이나 제사음식, 결혼 등등 아주 많은 부분들이 있지만, 배경에 대한 약간의 지식만 갖고 있게 되면 흥분될 정도로 감격적이고 성경적인 놀라운 결과를 도출해 낼 수 있을 것이다.

5) 원어적 원리

때론 원어적 의미를 반드시 살펴야 한다.

성경이 기록된 언어는 구약의 경우 일부의 아람어(창 31:47의 2어, 스 4:8~6:18, 7:12~26, 렘 10:11, 단 2:4~7:28)가 있으나 대부분이 히브리어로 기록되었고 신약은 코이네 헬라어[35]로 기록되었다. 그렇기 때문에 올바른 성경해석을 위해서는 원어적 연구가 필수 요소로 따라오게 된다. 오늘날 번역 성경에 있어 성경 전부에 대한 원어적 해석을 다 할 필요는 없으나 번역의 어려움이나 실수, 혹은 자의적 오역, 원의미를 벗어난 번역, 번역 삭제 및 첨가 등으로 인해 원어적 해설이 반드시 필요한 경우가 있다. 그렇다고 원어적 연구를 통한 해석이 완벽한 것은 아니다. 왜냐하면 아무리 원어에 대해 깊은 연구를 한다 하더라도 성경이 기록된 시대의 원어를 완벽히 재현한다는 것은 쉽지 않기 때문이다. 그 언어가 기록된 당시의 배경이나, 관습, 시대의 다양한 언어 사용에 대해 알 필요가 있다.

성경이 기록될 때의 히브리어는 지금은 사어로 존재하지 않고 있으며 오늘날 유대인들이 사용하는 히브리어는 근대의 히브리어이다. 그리고 원본 성경이 존재하지 않기 때문에 사본 된 원어 성경이나, 그 사본을 다시 번역한 번역본들을 원본 성경의 언어로 정확히 재해석한다는 것은 실제로 불가능한 일이다. 그렇다고 우리는 성경의 정확한 의미를 찾기 위한 원본적 연구를 포기하면 안 된다. 우리는 최선의 노력을 다해 성경에서 가르치는 정확한 의미를 찾아야 하며 이를 위해 필수적으로 원어적 연구도 따라와야 한다. 이러한 연구를 위해 우리는 원본 성경에 가장 가까운 사본을 찾아야 하고 원본에 가장 가까운 사본을 통해 번역된 번역본을 갖고 올바른 성경해석에 다가가야 한다.

---

35)　당시 일반인들이 보편적으로 사용하던 헬라어를 코이네 헬라어라 한다.

한글 개역 성경은 1961년 대한성서공회에서 번역·발간한 후로 한 번도 개정을 거친 적 없이 지금까지 우리나라 성경의 최고의 권위로 자리 잡고 있었다. 지금은 새로 나온 개역개정을 사용하고 있으나, 개역이나 개역개정 모두가 사도들이 사용하던 원문에서 직접 번역을 한 것이 아니다. 알렉산드리아 헬라어 사본을 영어로 번역, 이 영어 성경을 중국 한자어로 번역하여 중국어 한자 성경을 한글로 번역한 것이, 우리가 지금까지 사용해 왔던 개역 성경이다.

현재 한국 전 교단이 사용하는 개역개정은 우리 개역 성경의 여러 가지 문제점을 알고, 좀 더 원문에 충실한 번역을 하기 위해 10년 이상의 오랜 세월을 거쳐 번역을 완성해 개역을 대신하였으나, 오히려 이전에 우리가 사용하던 개역 성경보다 더 많은 오류를 범하고 있음이 증명되고 있다.

아무튼 이러한 일련의 번역 과정을 거치면서 현재 우리가 쓰고 있는 개역 혹은 개정 한글 성경은 원문과의 심각한 차이를 가지고 있는 경우도 있으며, 혹은 여러 부분에 있어 의미 전달이 불확실한 경우도 많이 있다. 우리 한글 성경 최초의 번역자였던 로스 선교사도 성경을 번역함에 있어 축자 번역이 아니라 우리나라 말의 의미에 유념하여 그 뜻을 그대로 살리는 의미로 번역하였다고 고백하고 있다.[36] 그러다 보니 많은 부분에 있어 의미 전달의 문제나, 잘못된 번역들이 있

---

36)　안유섭, 『원어로 여는 성경』, 프리셉트, 1999, p.14.

음을 우리는 인정해야 한다.

원어의 잘못된 번역으로 말미암아 혼동을 일으키는 예는 한두 가지가 아니다. 이는 우리의 구원에 대한 문제뿐만 아니라, 재창조설, 이중 아담론, 행위구원 등과 같은 이단적 주장들을 뒷받침하는 근거로도 사용이 된다.

창세기 1장 28절의 '충만'을 '재충만'으로 번역하는 예, 창세기 2장 7절의 '살아 있는 혼'을 '살아 있는 영'으로 번역한 예, 전도서 3장 21절을 통해 짐승에게는 혼만 있고 영이 없다고 번역한 예, 요한복음 3장 36절의 '믿음'을 '순종'으로 번역한 예, 히브리서 6장 6절의 '배반', '배도', '반역'을 '타락'으로 번역한 예, 요한계시록 2장 10절의 '믿음'을 '충성'으로 번역한 예 등이 있다.

6) 시대적 원리

특정한 시대가 와야만 해석이 되는 내용도 있다.

성경은 약 1,600여 년 동안 36(7)여 명의 사람들에 의해 기록되다 보니 성경이 기록될 당시의 시대적 상황을 이해하지 못하면 올바른 성경해석은 불가능해진다. 하나님의 말씀인 성경은 전 시대를 걸쳐 통용, 적용되는 원리를 갖고 있지만, 각각의 시대를 무시하지 않고 기록되어졌기 때문에 성경이 기록되어질 당시의 시대적 상황 파악은 올바른 성경해석을 위해선 반드시 필요한 작업이다.

시대적 원리란 성경 본문을 해석하기 위해 그 어떤 시대적 상황이 이루어지지 않을 경우 전혀 해석을 할 수 없고, 반드시 본문을 올바르게 해석하기 위한 시대적 정황이 이루어져야 해석이 가능해진다는 원리다. 이러한 시대적 원리의 해석은 아직 이루어지지 않은 예언서에 집중되어 있다. 이루어지지 않은 예언들을 우리가 올바르게 해석하기 어려운 것은 미래에 이루어질 예언 적용의 시대가 어떠한 시대가 될지 현재의 우리로서는 전혀 알 수 없기 때문이다. 다만, 현시대의 시대적 상황이 이루어졌음에도 불구하고 그 해석을 무시하는 현상 또한 심각히 고려해 봐야 할 사안이 된다.

시대적 원리는 과거 시대적 원리(제사 및 의식, 제한된 국가), 현대 시대적 원리(윤리, 도덕, 그리스도), 미래 시대적 원리(상황, 윤리, 도덕, 그리스도) 전 시대적 원리(공통적 윤리, 도덕, 그리스도) 등으로 구분할 수 있다.

간단한 예로 다니엘서 12장 4절의 지식의 급증과 사람들의 왕래가 빨라지는 일들은 인쇄술이 발달되고 인터넷 문화가 확산되며 빠른 교통수단이 가능한 현대에나 가능한 일이다. 마태복음 24장 6절에서 주님은 마지막 시대에는 난리와 난리의 소문을 듣게 된다고 하였는데 이 또한 인터넷과 통신수단의 발달로 현대에 이루어진 일이다. 그리고 요한계시록 13장 16~18절에 등장하는 사람의 이마나 손에 박는 짐승의 표(666) 또한 생체공학과 인터넷 공학이 발달해 사람의 몸에 직접 칩을 박는 일들이 가능해진 현대에 와서야 그 해석이 가능해진 일이다.

시대적 상황이 이루어지지 않았음에도 불구하고 해석하기 힘든 내용을 억지로 풀다간 자칫 실수할 수 있으니 이런 본문은 항상 유념하여 성경을 보아야 한다.

7) 조화적 원리

가장 중요한 원리는 조화적 원리이다.

성경해석에 있어 가장 중요한 원리가 될 수 있다. 문자, 영적 원리, 문맥, 배경, 원어, 시대적 원리 등의 노력을 통해 올바른 성경해석을 시도하여 좋은 해석을 가져올 수 있는 것은 사실이나 자칫 그 해석이 성경 전체에서 가르치는 원리와 배치된다면 이는 무서운 결과를 가져올 수 있다. 그렇기 때문에 여타의 성경해석의 원리를 적용하여 성경해석을 가져올 때는 반드시 성경 전체와의 조화를 이루어야 하는데 이를 조화적 원리라 한다. 성경 전체에서 가르치는 조화적 원리의 무시는 올바른 성경해석을 가져올 수 없으며, 자칫 주관적 해석으로 치우쳐 이단적 사상을 도입·지도하는 심각한 문제를 야기할 수 있다. 대부분의 이단들이 나름 성경해석을 시도하여 교리를 확립하였지만, 이들의 공통적 특징은 성경 전체와의 조화를 무시한 해석을 하였다는 것이다.

성경 전체와의 조화로운 성경해석을 위해선 다음과 같은 일들이 필수적으로 따라와야 한다.

1. 하나님이 성경을 기록게 한 목적을 분명히 알아야 한다.
2. 성경 전체를 이해하고 볼 수 있는 안목을 길러야 한다. 이를 위해 숲을 보고 나무를 보는 훈련이 필요하다.
3. 성경 전체에 흐르는 핵심 사상을 간파하고 모든 성경의 기록들이 그 사상을 지지 혹은 증거하기 위해 기록된 것을 알아야 한다.
4. 그렇기 때문에 성경의 핵심적 인물과 그 사상을 분명히 알고 그 기초 위에 전체 성경 해석이 따라와야 한다.

조화로운 성경해석을 위해 우리가 알아두면 좋은 성경의 핵심 내용은 다음과 같다.

1. 온 우주와 세상의 창조자는 하나님이시며 하나님이 온 우주를 다스리신다(창1:1).
2. 하나님이 자신의 형상을 따라 인간을 만드셨다(창 1:26-27).
3. 인간은 하나님의 말씀을 어겨 죄를 지었다(창 3:6).
4. 죄에 대한 대가는 사망이며 지옥의 형벌이다(창 2:17, 롬 6:23, 히 9:27).
5. 하나님은 인간이 범죄한 순간 그 죄로부터 용서받을 수 있는 원리를 만드셨다(창 3:15, 창 3:21).

하나님이 만드신 죄로부터의 용서는 다음과 같다.

1. 인간 스스로 그 죄를 가리거나 없앨 수 없다. 이는 인간의 노력과 행위로 죄
   를 없앨 수 없다는 사실을 암시한다(무화과 나뭇잎으로 죄를 가리려고 함).
2. 하나님이 직접 그 죄를 가려주어야 하며(가죽옷) 그 죄를 가려주기 위해(가죽
   옷을 만드심) 희생된 어린양이 필요하고 그 양은 희생됨으로 피를 흘려야 했다.

여기서 우리는 하나님의 **3대 속죄 원리**를 알 수 있다

- 죄 용서는 하나님만 할 수 있으며 인간의 어떠한 노력과 방법으로도 죄를 용
  서받을 길이 없다.
- 죄 용서를 위해 희생제물이 반드시 필요하다.
- 그 희생제물은 피를 흘려 죽어야 한다.

3. 이러한 하나님의 속죄 원리는 구약의 제사를 통해 나타났으며 이 제사는 앞
   으로 오시게 될 메시야(창 3:15)에 대한 그림자로 하나님이 제정해 주셨고 이
   는 예수그리스도를 통한 하나님의 구원 섭리의 방법을 제시한 것이다.

- 하나님의 죄 용서 방법은 여인의 후손을 통해 완전히 해결됨을 제시하였고(창
  3:15) 이 여인의 후손은 하나님의 위의 3대 속죄 방법을 완전히 이룸으로 죄
  용서, 즉 구원을 완성하셨다.
- 이 여인의 후손이 바로 예수 그리스도시며, 그리스도의 본체는 하나님이지만
  인간 구원을 위해 이 땅에 육신의 몸으로 오셨고, 그 육신의 몸이 십자가 위에
  서 희생되어 그 피를 흘려주심으로 하나님의 구원을 완성하셨다.
- 이러한 사실을 믿고 받아들이며 예수 그리스도를 자신의 구주로 인정하는 자는

인간의 행위와 상관없이 구원이 이루어진다(요 3:16, 요 5:24, 행 16:31, 엡 2:8).

- 성경 전체는 이러한 메시아, 예수 그리스도에 대한 그림이며 그를 통한 구원
의 길을 안내하는 책이다.

성경은 다음과 같이 증거하고 있다.

> 가라사대 미련하고 선지자들의 말한 모든 것을 마음에 더디 믿는 자들이여 그리
> 스도가 이런 고난을 받고 자기의 영광에 들어가야 할 것이 아니냐 하시고 이에
> 모세와 및 모든 선지자의 글로 시작하여 모든 성경에 쓴바 자기에 관한 것을 자
> 세히 설명하시니라
>
> — 눅 24:25~27

> 빌립이 나다나엘을 찾아 이르되 모세가 율법에 기록하였고 여러 선지자가 기록
> 한 그이를 우리가 만났으니 요셉의 아들 나사렛 예수니라
>
> — 요 1:45

> 너희가 성경에서 영생을 얻는 줄 생각하고 성경을 상고하거니와 이 성경이 곧 내
> 게 대하여 증거하는 것이로다.
>
> — 요 5:39

> 내가 너희를 아버지께 고소할까 생각지 말라 너희를 고소하는 이가 있으니 곧
> 너희의 바라는 자 모세니라. 모세를 믿었다면 또 나를 믿었으리니 이는 그가 내
> 게 대하여 기록하였음이라
>
> — 요 5:45~46

　이상의 원리 외에도 문법적 원리, 인물적 원리 등의 원리들도 있으며 이러한 성경해석의 다양한 원리들을 잘 이해하고 활용해 성경해석을 시도하면 놀라운 감격을 맛볼 수 있고 하나님이 말씀에 조금 더 가까이 다가감을 느끼게 될 것이다. 성경의 기초적 해석을 위해 조금 어렵더라도 앞에서 제시한 몇 가지의 원리들을 잘 이해하고 스스로 노력해 우리에게 주신 귀한 하나님의 말씀을 바르게 아는 데 최선을 다해야 할 것이다.